SAINTE CÉCILE

OU

LES GLOIRES DE LA VIRGINITÉ

DRAME EN TROIS ACTES

D'après le R. P. DOM GUÉRANGER

PAR

L'ABBÉ V. MOUROT
Chevalier du Saint-Sépulcre,
Prêtre du diocèse de Saint-Dié (Vosges).

Domine Jesu Christe
Seminator casti consilii
Suscipe seminum fructus
Quos in Cæciliâ seminasti.

Seigneur Jésus, auteur des chastes résolutions, recueillez les fruits de la divine semence que vous avez déposée au cœur de Cécile.

PRIX : 80 CENTIMES

PARIS
SARLIT, J. BRICON, ÉDITEUR, SUCCESSEUR
19, RUE DE TOURNON, 19

TOULOUSE	CHEZ L'AUTEUR
J. FOURNIER	A SAULCY-SUR-MEURTHE
5, Rue du Salé, 5	Par Saint-Dié (Vosges)

1888

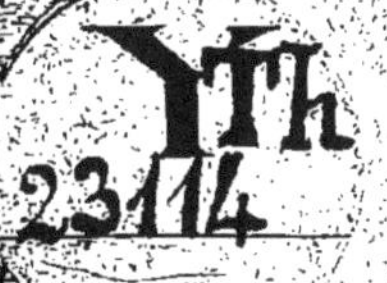

SAINTE CÉCILE

OU

LES GLOIRES DE LA VIRGINITÉ

A LA MÉMOIRE

du Révérendissime Père DOM GUÉRANGER

Abbé de Solesmes.

A SON ÉMINENCE

Monseigneur le Cardinal RAMPOLLA del TINDARO

du Titre de Sainte-Cécile

Secrétaire d'État de Sa Sainteté LÉON XIII

A Monseigneur l'Archevêque d'Albi

AU T. R. P. DOM COUTURIER

Abbé de Solesmes

ET A SES TRÈS CHERS FILS

Les RR. PP. POTHIER (Joseph et Marie-Alphonse) RONARY, LAURENT, PARISOT, SAUTON

du Diocèse de Saint-Dié.

A M. l'Abbé Isidore NOËL

Chanoine honoraire

PROFESSEUR AU GRAND SÉMINAIRE (S[t]-DIÉ)

L'infatigable Organisateur des Pèlerinages lorrains à Notre-Dame de Lourdes

A LA RÉVÉRENDE MÈRE SUPÉRIEURE

du Monastère de Sainte-Cécile, près Solesmes (Diocèse du Mans)

AUX PIEUSES & ZÉLÉES DIRECTRICES

d Patronage des Jeunes Filles du Faubourg Saint-Martin,

à Saint-Dié (Vosges).

SAINTE CÉCILE

OU

LES GLOIRES DE LA VIRGINITÉ

DRAME EN TROIS ACTES

D'après le R. P. DOM GUÉRANGER

PAR

L'ABBÉ V. MOUROT

Chevalier du Saint-Sépulcre,
Prêtre du diocèse de Saint-Dié (Vosges).

Domine Jesu Christe
Seminator casti consilii
Suscipe seminum fructus
Quos in Cœciliâ seminasti.

Seigneur Jésus, auteur des chastes résolutions, recueillez les fruits de la divine semence que vous avez déposée au cœur de Cécile.

PARIS

SARLIT, J. BRICON, ÉDITEUR, SUCCESSEUR

19, RUE DE TOURNON, 19

TOULOUSE
J. FOURNIER
Rue du Salé, 5

CHEZ L'AUTEUR
A SAULCY-SUR-MEURTHE
Par Saint-Dié (Vosges)

1888

ABRÉGÉ

DE LA

VIE DE SAINTE CÉCILE

D'APRÈS DOM GUÉRANGER

Cécile, née à Rome sur la fin du deuxième siècle (160), eut le bonheur de connaître la vraie foi, de s'y attacher du fond de l'âme et de se vouer tout entière à Jésus-Christ.

Quand elle fut adulte, ses parents la

fiancèrent à un noble du nom de Valérien. La vierge, initiée, par l'Esprit-Saint, à toutes les vertus qui font la chrétienne accomplie, n'avait donc pas été libre de repousser les avances du jeune patricien. Aussi, la volonté irrésistible de ses parents et la condition païenne de son fiancé la glaçaient de crainte. Elle portait sous ses vêtements un rude cilice et passait les nuits en oraison pour implorer le secours du Ciel. Ses prières, pleines de confiance et de ferveur, ne furent point vaines. Dieu chargea son bon ange de se montrer visiblement à elle et de lui annoncer qu'il serait le gardien de sa vertu.

Cécile avertit son époux de la protection dont l'environnait son ange ; et Valérien, stupéfait d'une telle révélation, demanda de voir cet ange. « Vous le verrez, dit

Cécile, si vous devenez chrétien! » Le jeune époux, plein de déférence pour une épouse adorée, consentit à se faire instruire et reçut le baptême. Après quoi l'ange de Cécile se montra devant lui, brillant de l'éclat du soleil, porté sur deux ailes de flamme et tenant en main deux couronnes de lis et de roses d'une fraîcheur incomparable. Il en donna une à Cécile et l'autre à Valérien en disant : « *Méritez de conserver ces couronnes par la pureté de vos cœurs ; c'est du jardin du ciel que je vous les apporte !* » Valérien, transporté de joie, demanda la conversion de son frère Tiburce, qui suivit bientôt la sienne. Ces deux frères reçurent en récompense, quelques jours ensuite, la glorieuse couronne du martyre.

Après leur mort, Cécile, prévoyant sa fin

prochaine, se hâta de disposer de toutes choses. Elle versa d'immenses aumônes dans le sein des pauvres et fit don à l'église de Rome (*) des immeubles qu'elle possédait, afin de les soustraire à l'avide cupidité des tyrans.

Elle ne s'était pas trompée ; elle fut saisie et traînée en prison. Le préfet Almachius avait au préalable essayé de tous les moyens pour l'amener à renoncer au vrai Dieu. Mais Cécile, ferme dans sa foi, repoussa toute proposition d'apostasie.

(*) C'était alors le pape Eleuthère qui représentait les intérêts du christianisme tout entier. Il put tenir le gouvernail de l'Eglise durant quinze ans sans être atteint par la persécution. Son vicaire, le Pontife Urbain, semble avoir été plus à découvert, et ses relations avec les Cæcilii chrétiens l'exposèrent, en première ligne, aux recherches de la police impériale, à la suite des événements tragiques du martyre de Valérien et de Cécile. Il ne faut donc pas confondre le Pontife Urbain, dont il est ici question, avec le pape Urbain (222), dont le pontificat s'écoula tout entier sous Alexandre Sévère.

Le juge, irrité de sa résistance, la condamna à périr dans sa chambre de bain, étouffée par les flammes et la vapeur. L'héroïque martyre demeura pendant vingt-quatre heures enfermée au sein d'une chaleur brûlante ; mais elle n'en fut nullement incommodée. Averti de ce prodige, le préfet envoya le bourreau pour lui trancher la tête. Il la frappa trois fois et la laissa baignée dans son sang. Elle vécut encore trois jours en cet état, exhortant les fidèles à la patience et au martyre; puis elle expira le 16 septembre 178 de l'ère chrétienne. On célèbre sa fête le 22 novembre. Cécile fut enterrée dans les Catacombes, d'où son corps fut tiré par le pape saint Pascal Ier, vers l'an 822, et placé sous le maître-autel de l'église, dédiée à la sainte au Transtévère, et qui est bâtie sur l'emplacement de la maison de Valérien, son époux. On l'y vénère encore aujourd'hui intact et parfaitement conservé. La sculpture chrétienne n'a rien produit de plus parfait que la belle statue de l'artiste Etienne Maderne, qui a représenté sainte Cécile telle qu'elle fut trouvée dans son tombeau.

SAINTE CÉCILE

OU

LES GLOIRES DE LA VIRGINITÉ

Drame en trois actes.

PERSONNAGES

CÉCILIA, vierge romaine.
MÉTELLA, mère de Cécilia.
GORDIANA, MAXIMA, } deux amies de Cécilia, encore païennes.
LIVIA, FLAVIA, } deux amies chrétiennes de Cécilia.
ALMACHIA, femme du gouverneur de Rome.
STÉPHANA, diaconesse de la Sainte Eglise.
ESTHER, SÉRAPHIA, } deux affranchies chrétiennes au service de Cécilia.
NIGRA, petite catéchumène, également de la maison de Cécilia.
AGLAÉ, mendiante de Rome.

GROUPES DIVERS.

CHANTS

1° A LA FIN DU PREMIER ACTE, on peut aisément faire exécuter l'un ou l'autre des morceaux suivants : *Veni columba mea!* appel de Jésus à l'âme fidèle; *A Jésus,* source unique de consolation et de bonheur. Solo et chœur, à deux voix, avec accompagnement d'orgue ou de piano : 1 fr. 50 par la poste.

2° APRÈS LE DEUXIÈME ACTE : *Benedictus Deus in sanctis suis,* chœur d'enfants. (Les trois morceaux ci-dessus, du R. P. GARIN, mariste, se vendent à Lyon, chez Briday, libraire, 3, rue de l'Archevêché.)

3° POUR LA FIN DU DRAME, on n'aura que l'embarras du choix : *Hommage à sainte Cécile,* par le P. Lambillotte ; *Cantique pour une vierge martyre,* n° 203 du *Manuel des chants religieux,* par le P. Garin, mariste ; *Hymne à sainte Cécile,* trois voix égales, avec solo, par M. l'abbé Contenson, maître de chapelle et organiste de la cathédrale de Montauban : 1 fr. par la poste.

SAINTE CÉCILE

OU

LES GLOIRES DE LA VIRGINITÉ

ACTE PREMIER

La Jeune Chrétienne.

La scène représente la chambre de Cécilia, modestement ornée. Un petit bureau avec crucifix, fauteuils, tabourets; sur l'un de ces derniers une pile de linge destiné aux pauvres; un prie-Dieu, un pupitre avec partitions, instruments divers de musique, etc., etc.

SCÈNE PREMIÈRE

ESTHER, SÉRAPHIA

(Esther s'occupe à ranger les meubles; sa figure est triste. Séraphia brosse le parquet dans le même temps.)

SÉRAPHIA

(*Entendant un gros soupir s'échapper de la poitrine d'Esther.*) Qu'as-tu donc, ma bonne

Esther? Tu ne me dis rien ce matin, et je crois que tu vas encore pleurer!

ESTHER

Hélas! comment ne pas être triste, quand on songe, comme moi, tous les jours, aux rigueurs de l'exil et aux beautés de mon pays? (*Elle s'assied sur le coin d'un tabouret les mains croisées sur les genoux.*)

SÉRAPHIA

Il est donc bien beau, ton pays? Dis-moi, Esther, comment l'appelles-tu?

ESTHER

La Judée. C'est le pays du Christ; c'est de là que Pierre est venu dans cette Rome où je pleure, loin des miens. Ah! si tu avais vu nos montagnes de Moab, au fond desquelles, comme dans une grande coupe, reluit la mer Morte, couleur de plomb, le Thabor avec Tibériade, la vallée du Jourdain avec ses ombrages, l'horizon de Bethléem, calme et pur comme le premier sommeil de l'Enfant Jésus; si, du haut de la colline des Oliviers, tu avais contemplé Jérusalem tout entière, descendant des hauteurs de Sion dans les profondeurs de la vallée de Josaphat, avec ses ruines, ses palmiers, ses maisons blanches si nettement dessinées sur l'azur foncé du ciel, ah! comme moi, tu regretterais ces lieux bénis; comme moi tu verserais des larmes!

SÉRAPHIA

Tu me surprends, chère Esther! Tu m'as dit maintes fois que les Romains vainqueurs avaient tout saccagé là-bas; que l'emplacement du Calvaire et du tombeau de Jésus avaient été couverts d'immondices, sous l'empereur Adrien; qu'on y avait planté un bois, consacré aux dieux païens, et que défense était faite aux Chrétiens d'en approcher pour prier le vrai Dieu. N'es-tu pas mieux ici, dans Rome la belle, Rome la puissante, où siège maintenant le chef de notre religion, que dans ta patrie déicide dont les forfaits et les châtiments ont épouvanté le monde?

ESTHER

Tu as peut-être raison, Séraphia; mais on aime toujours mieux sa patrie, surtout quand elle est malheureuse!

SÉRAPHIA

(*Avec dédain.*) Peuh! Je ne partage pas ton avis. Bien que je sois née dans Athènes, la terre

des beaux-arts où le myrte odorant s'unit aux lauriers-roses, je me trouve fort à l'aise ici, dans la splendide maison des Cecilii-Metelli. (*Elle se relève et, prenant le bras d'Esther, l'entraîne du côté de la coulisse, et, en faisant un geste de l'autre main :*) Regarde un peu par cette fenêtre. Nous sommes tout à fait dans la Rome monumentale et publique. Près de nous le Champ de Mars, théâtre de ses récréations viriles, le Capitole, qui est sa citadelle et son temple. Nous pouvons apercevoir, en haut, la colline des Jardins et sa verdure ombrageant les mausolées ; plus bas, la voie Flaminia bordée de statues. Voici les toits dorés du Palatin, le séjour des Césars, puis la longue galerie des marchés, la voie sacrée, et enfin le Forum avec ses basiliques retentissantes des clameurs du peuple, avec ses portiques et ses bains. Allons, Esther, cela vaut bien, je pense, les splendeurs déchues de ton pays !

ESTHER

Que m'importeraient toutes ces merveilles, si je n'avais ici, pour me consoler, les soins et les délicates attentions de notre maîtresse Cécilia?

(Pendant qu'Esther et Séraphia conversent ensemble, on entend dehors un bruit de pas.)

SÉRAPHIA

Voici quelqu'un !..... Oh ! travaillons vite, nous sommes en retard ! (*Elles se remettent dans la même position qu'avant leur dialogue et, quelques instants après, Cécilia se montre sur la porte de l'appartement. Elle est vêtue d'un costume sévère avec un grand voile de couleur sombre.*)

SCÈNE II

LES PRÉCÉDENTES, CÉCILIA

CÉCILIA

(*Avec bienveillance.*) Mes enfants, bon courage ! Je m'aperçois avec plaisir que votre besogne s'achève, que vous avez suffisamment compris mes instructions et remis toute chose à sa place. Si, pendant mon absence, il m'arrivait quelques amies, du moins pourriez-vous les recevoir convenablement ici.

ESTHER

(*Avec inquiétude.*) Une absence !!... Oh ! vous partez ?... Sera-ce pour longtemps ?

CÉCILIA

Rassure-toi, ma bonne Esther. Je reviendrai bientôt ; je vais visiter quelques pauvres infirmes, à l'extrémité de la voie Appienne ; et comme le temps est magnifique aujourd'hui, peut-être dirigerai-je ensuite mes pas jusqu'aux Catacombes. Si quelqu'un demandait à me voir, pendant ce temps, vous le prieriez, l'une ou l'autre, d'attendre mon prochain retour. — C'est compris, n'est-ce pas ? Au revoir, et soyez sages !! (*Elle sort.*)

SCÈNE III

ESTHER, SÉRAPHIA

ESTHER

N'avais-je pas raison, tout à l'heure, de te vanter la bienveillance de notre jeune maîtresse ?

SÉRAPHIA

C'est vrai ; noble Cécilia est très bonne pour nous. Cependant, nous ne sommes que de pauvres mercenaires !

ESTHER

Raison de plus pour qu'elle compatisse à nos misères ! Oublies-tu donc qu'elle est chrétienne et que c'est à son zèle que nous devons la foi ? Ah ! quelle différence entre notre sort et celui de l'esclave chez les païens. Il n'y a pour lui ni famille, ni parenté ; il n'y a pas même de Dieu, attendu que l'homme libre peut seul offrir dans leur temple un encens légitime!

SÉRAPHIA

Tandis qu'à nous, chrétiennes tout à fait pauvres, on permet de nous asseoir, à côté de nos maîtres, devant l'autel, et redire avec eux la prière du Seigneur : *Notre Père qui êtes aux cieux!!*

ESTHER

Et puis, quand l'esclave est malade, est-ce que les païens lui donnent des secours? Par les accablantes chaleurs du mois d'août qui ramènent la fièvre; durant les débordements du Tibre qui remplissent Rome d'eau stagnante, le pauvre ira-t-il demander appui à son riche patron? Il trouvera le palais désert, le maître parti pour respirer un air plus pur au bord de la mer.

SÉRAPHIA

Notre bonne maîtresse se préoccupe non-seulement des gens de sa maison, mais aussi de tous les malheureux qui implorent sa pitié! (*Elle s'approche d'un tabouret sur lequel sont déposés du linge et des vêtements.*) Tiens, Esther, je suis sûre que c'est une provision destinée aux pauvres du quartier! (*Elle soulève avec curiosité les divers petits paquets.*) Il y en a de toutes les grandeurs ; voici pour des vieillards et des jeunes gens ; voilà des costumes de femme, une layette pour un nouveau-né !... (*Bruit à l'antichambre.*)

ESTHER

Toujours la même, Séraphia! Tu ne pourras donc pas te corriger de tes indiscrétions ? Remets vite le tout en ordre ! Si bonne maîtresse allait revenir!!! (*Une jeune négresse entre en tapinois dans l'appartement.*)

SÉRAPHIA

(*se retourne avec vivacité, et riant aux éclats :*) Oh ! Nigra, tu peux te vanter de m'avoir causé une grande frayeur !

SCÈNE IV

LES PRÉCÉDENTES, NIGRA **avec une robe blanche.**

NIGRA

(*Avec désappointement.*) Tiens ! moi qui croyais sûrement trouver bonne maîtresse chez elle ! (*S'adressant à Séraphia encore à genoux devant la pile de linge :*) Pourrais-tu me dire où elle est allée ?

SÉRAPHIA

(*Avec raillerie.*) Nigra, que tu es belle, avec cette robe blanche! On croirait voir une hirondelle sur une jatte de lait!

NIGRA

Tu seras donc toujours aussi moqueuse? Fi! que c'est laid pour une chrétienne! (*Se tournant du côté d'Esther:*) Au moins tu me répondras plus charitablement; ne sais-tu point ce qu'est devenue bonne maîtresse?

ESTHER

Elle est sortie pour voir des malades et se rendre ensuite à la réunion des Chrétiens.

NIGRA

Sans prendre personne pour l'accompagner?... Cela me surprend. Il faut qu'elle ait quelque communication secrète à faire là-bas pour s'être décidée à partir seule et si longtemps!

SÉRAPHIA

Et pourquoi donc chercher avec tant d'anxiété noble Cécilia?

NIGRA

Que t'importe? Tu es parfois trop curieuse!

ESTHER

Hein! hein! Séraphia. Cela t'apprendra une autre fois!!

SÉRAPHIA

(Avec dépit.) Comme si la petite Nigra n'aimait pas de bavarder et de savoir les nouvelles ainsi que nous autres!...

NIGRA

Je suis enfant; cela s'excuse. Jeune et heureuse, je ne puis m'empêcher de gazouiller comme les oiseaux. (*Regardant plus attentivement Esther:*) Voilà que tu as encore les yeux rouges; tu m'avais cependant promis de ne jamais pleurer! (*Elle se jette à son cou et l'embrasse.*)

ESTHER

Ah! je regrette toujours la patrie absente!

NIGRA

Tu ne devrais pas oublier que notre patrie est là-haut. Quand on croit au Ciel, comme toi, il n'est plus permis de se désoler sur la terre!

ESTHER

C'est juste, Nigra. Merci de cette leçon! On s'aperçoit que tu profites de celles de notre maîtresse et que tu ne regrettes plus, comme aux premiers jours, ton désert de Numidie, ni la cabane des parents qui t'ont vendue comme esclave.

NIGRA

Non, plus guère! Au commencement, je pleurais beaucoup; mais, en me regardant au miroir, j'étais toute défigurée; maintenant, je pleure comme un ange.

SÉRAPHIA

Alors tu te crois gentille? Cependant ce n'est guère bien de se regarder si souvent au miroir! Tu n'as donc pas peur d'y voir un démon?

NIGRA

(*Riant.*) Bonne maîtresse me le défend toujours. « Nigra, dit-elle souvent, prends garde à ta vertu! Quand le miroir dit à une jeune fille le matin qu'elle est jolie, il est bien difficile de vivre le reste du jour comme si on ne l'était pas! »

ESTHER

Alors tu désobéis encore sur ce point? C'est mal, Nigra. Tâche donc de ne point faire de peine à ta bonne maîtresse par ton étourderie!

NIGRA

Je suis vive, mais j'ai bon cœur ! Esther, je te promets de veiller sur moi ; je serais au regret de la contrister ; elle m'aime tant !

ESTHER

Et cependant tu n'es qu'une petite négresse !

NIGRA

Oh ! cela ne fait rien à noble Cécilia. Comme le bon Dieu, elle ne regarde qu'à la blancheur de l'âme ! Si tu savais, Esther, les bons conseils qu'elle me donne chaque jour pour me disposer au baptême !...

ESTHER

Je n'en suis pas étonnée.

NIGRA

Le matin, sitôt que je suis vêtue, elle m'appelle dans sa chambre et, me prenant à côté d'elle, me fait réciter, ainsi que le soir, toutes mes prières, sans négliger un souvenir pour les pauvres morts. Puis, me montrant la sainte image de la Vierge Marie, elle me dit : « Voilà ta mère et celle de tous les Chrétiens ! C'est la Reine des Vierges et des Martyrs. Invoque-la souvent dans les tentations, le découragement ou la souffrance. » D'autres fois, elle me fait baiser le crucifix qu'elle porte sur son cœur et ajoute : « Mon enfant, regarde le bon Jésus, notre Sauveur; vois sa tête couronnée d'épines, ses mains et ses pieds percés, son cœur ouvert et versant la dernière goutte de son sang. Oh! combien il a souffert! Et tout cela par amour pour les hommes! Nigra, chère Nigra, tâche donc de l'aimer aussi.

ESTHER

Au souvenir de ce que bonne maîtresse a fait aussi pour moi je ne puis m'empêcher d'être émue. (*Elle essuie une larme du revers de sa main.*)

NIGRA

Ce n'est pas tout; en me donnant l'enseignement chrétien comme la nourriture céleste qui convient surtout à la femme, noble Cécilia m'apprend encore à devenir bonne ménagère, à commander un dîner, à repriser le linge et à faire des confitures... plus tard, pour mon mari... si cependant il s'en présente un pour moi! (*Elles rient toutes trois à cette boutade.*)

ESTHER

Pourquoi pas? Je suis sûre que tu le rendrais bien heureux!

NIGRA

(*Secouant la tête.*) Qui sait? En cette affaire il ne faut pas trop se fier aux apparences! On a vu des jeunes filles aimables devenir plus tard des mères de famille bien ennuyeuses. (*On sonne dans le vestibule; Nigra se frappe le front et, regardant dehors d'un air épouvanté :*) Seigneur Jésus! ce sont les nobles dames qui m'avaient envoyé chercher bonne maîtresse, et qui, s'impatientant peut-être d'attendre trop longtemps à l'atrium, se décident à venir jusqu'ici! En causant, je les avais oubliées!

SÉRAPHIA

(*Regardant aussi dehors.*) Ce sont les amies de notre maîtresse, deux jeunes patriciennes comme elle. Il y en a une, la petite Flavia, qu'on dit peu commode pour son personnel, et certes je ne suis pas fâchée de la voir attendre un peu!

ESTHER

Voyons, Séraphia; n'aie donc pas mauvaise langue et mauvais cœur!! Si bonne maîtresse t'entendait!...

NIGRA

(*Avec inquiétude.*) Si, surtout, elle savait que

je n'ai pas été diligente ni courtoise pour les visiteuses, elle serait péniblement affectée! (*S'adressant à ses amies.*) Au moins, ne parlez pas de notre causerie de tout à l'heure! Quand ces dames vont entrer, tâchez de les recevoir de votre mieux. Pour moi, je me sauve en hâte, faisant mine de chercher avec empressement noble Cécilia. (*Elle sort avec rapidité par un côté de la scène; les deux patriciennes arrivent du côté opposé. Esther et Séraphia les saluent profondément.*)

SCÈNE V

LIVIA, FLAVIA, LES PRÉCÉDENTES

FLAVIA

(*S'adressant avec humeur aux deux affranchies.*) N'avez-vous point vu cette espiègle de Nigra? Voilà dix minutes que nous l'avions priée de nous introduire près de noble Cécilia; elle est partie comme un trait, et depuis lors elle n'a point reparu.

ESTHER

(*Avec timidité.*) Pardonnez, noble dame; Nigra vient de passer ici à l'instant; elle avait l'air très-préoccupée et nous a dit qu'elle cherchait notre maîtresse pour lui annoncer la présence de deux de ses meilleures amies.

LIVIA

(*A Flavia.*) J'avais donc bien raison, tout à l'heure, en cherchant à innocenter la conduite de Nigra. Tu es toujours trop prompte à juger mal des dispositions d'autrui ! (*Esther et Séraphia se regardent en souriant; puis, se précipitant du côté des fauteuils, en offrent deux aux visiteuses.*)

ESTHER

(*A Livia.*) Noble dame, veuillez donc vous reposer, je vous en prie; notre maîtresse ne saurait tarder beaucoup à revenir.

SÉRAPHIA

(*Poussant son fauteuil avec brusquerie devant Flavia, dit avec une intention malicieuse :*) Puisque Madame se plaint d'être restée si longtemps debout, qu'elle daigne au moins accepter ce siège !

FLAVIA

(*Avec fierté.*) Je n'ai pas d'ordre à recevoir de vous, Séraphia. Votre sollicitude me paraît exagérée en ce moment ! Allez, vous pouvez vous retirer ainsi qu'Esther ! Seulement, qu'on nous prévienne du retour de Cécilia, sitôt sa venue. (*Esther et Séraphia sortent.*)

SCÈNE VI

LIVIA, FLAVIA

FLAVIA

(*Regardant autour d'elle.*) Ce que j'admire toujours en venant ici, c'est l'ordre, c'est l'austère simplicité de l'appartement de Cécilia !

LIVIA

Et dire cependant que notre jeune amie appartient à l'une des plus anciennes, des plus puissantes et des plus riches familles de Rome !

FLAVIA

A qui parles-tu donc? Personne ne connaît mieux que moi ce qui se passe au sein des principales maisons de la cité.

LIVIA

C'est vrai; j'oubliais...; tu as cette réputation dans le monde. Chacun connaît ton incontestable talent pour découvrir les nouvelles. Une mauvaise langue, que je ne veux pas désigner, te comparait même, l'autre jour, à une araignée qui tend sa toile dans tous les coins, et, sitôt qu'un des fils est mis en mouvement, sort de sa cachette pour voir ce qui l'a secoué.

FLAVIA

(*Très mécontente.*) Ah! c'est ainsi qu'on me juge! Cela m'importe fort peu, puisque ce petit manège de commérages m'amuse et fait passer le temps.

LIVIA

Chacun son goût. Pour moi, j'ai bien assez de ma conduite, sans m'occuper de la vie des autres!

FLAVIA

Alors, c'est un blâme que tu m'adresses?

LIVIA

Non pas; ce n'est qu'un bon conseil. Mais puisque tu fais tant parade de tes connaissances, n'as-tu rien ouï dire du prochain mariage de Cécilia?

FLAVIA

Il y a quelques jours qu'on en cause dans Rome, à voix discrète; c'est même ce qui m'avait décidé à te prendre au passage, tout à l'heure, pour venir en toucher un mot à notre chère amie.

LIVIA

Pour moi qui la connais, je doute fort que ce bruit soit fondé. Elle m'en aurait parlé !

FLAVIA

Je partage ton avis ; je ne crois pas non plus, étant données les habitudes de piété chrétienne de Cécilia, qu'elle se décide à choisir un autre époux que son Dieu.

LIVIA

Son rang, ses qualités, sa fortune, sa beauté, voilà bien des motifs d'engager quelques-uns de nos jeunes patriciens à solliciter sa main !

FLAVIA

En effet, la famille de Cécilia rappelle les plus beaux souvenirs de l'histoire romaine. Elle se glorifie d'avoir pour aïeule Caïa Cécilia Tanaquil, femme de Tarquin l'Ancien, l'un des personnages les plus célèbres de l'époque des Rois.

LIVIA

Est-ce que, dans son admiration pour cette matrone, la ville ne lui a pas érigé une statue au Capitole ?

FLAVIA

Parfaitement. Caïa Cécilia a toujours été regardée comme l'un des plus beaux modèles de la pudicité conjugale chez les Gentils. La rare vertu qui a élevé cette femme au-dessus de son sexe est gravée si profondément dans la mémoire des siècles que le temps n'a pu l'effacer.

LIVIA

L'admirable mausolée, bâti sur le sommet de la colline que la voie Appienne monte rapidement, n'appartient-il pas encore à cette famille ?

FLAVIA

Oui ; c'est le monument élevé par Licinius Crassus à la mémoire de Cécilia Metella. Une autre héritière des Cécilii, qui conquit au plus haut degré l'estime de la société romaine s'appelait Cornélia. Elle avait épousé en secondes noces le grand Pompée. Je ne dis rien de Cécilia la femme du célèbre dictateur Sylla, ni de Pomponia, vantée par Cicéron.

LIVIA

Voilà de superbes illustrations du côté des femmes !

FLAVIA

Du côté des hommes, ces illustrations ne se comptent plus. Sans parler des dictatures, des censures, des Pontificats possédés tour à tour par les Cécilii, on trouve dix-huit fois leurs noms sur les fastes consulaires avant l'avènement d'Auguste à l'Empire. Sous les Empereurs, la famille Cécilia reçut plusieurs fois les faisceaux du Consulat de la main des maîtres du monde; actuellement encore il y a bon nombre des parents de notre amie parmi les généraux et les Consuls.

LIVIA

Je m'explique maintenant pourquoi les Valérii font tant de démarches depuis quelques mois près des parents de Cécilia.

FLAVIA

Ils auront fort à faire pour la conquête de la jeune chrétienne; car, tu ne l'ignores pas, les Valérii sont encore païens.

LIVIA

Les parents de Cécilia le sont aussi!

FLAVIA

Moins fanatiques cependant que les Valérii. Le père et la mère de Cécilia, quoique restés dans les ténèbres de l'infidélité, ne paraissent point contrarier leur fille pour son attachement à notre religion, qui compte des sectateurs, aujourd'hui, jusque dans le palais impérial. Soit tendresse, soit indifférence, ils ne la gênent pas dans la profession de son culte et la laissent suivre les assemblées des Chrétiens.

LIVIA

En effet, on la voit souvent prier dans les Catacombes et célébrer l'anniversaire du triomphe des Martyrs, ensevelis sous ces cryptes. L'attente de la mort, si formidable pour la nature, n'a pas l'air de faire fléchir l'âme de Cécilia.

FLAVIA

Au contraire ; elle y trouve un repos plein de délices ; car elle prétend que le martyre la réunirait pour jamais à son Dieu !

LIVIA

Ce qu'il y a de sûr, c'est que je ne me sentirais pas le courage de faire les pénitences qu'elle s'impose. Outre les pénitences d'obligation qui sont prescrites par l'Eglise ; outre les pénitences d'acceptation qui lui font agréer avec patience toutes les choses fâcheuses de la vie, Cécilia pratique encore les pénitences de dévotion qu'une piété éclairée lui inspire. Elle mortifie de toutes façons son esprit, son cœur, ses sens. Je crois même que depuis longtemps, à l'exemple de

Judith, elle dissimule sous ses habits somptueux un cilice meurtrier. Malgré cela, notre amie a toujours le sourire aux lèvres et répète, à qui veut l'entendre, que les austérités du corps assujettissent les sens à l'esprit et protègent l'âme pure, comme les épines sont la sauvegarde du lis.

FLAVIA

(*En plaisantant.*) Cependant les Vestales ne prennent pas tant de précautions !

LIVIA

(*D'un air indigné.*) Oh ! Flavia ! c'est mal de comparer la vertu de Cécilia avec celle des Vestales, qui ne sont chastes qu'à prix d'argent ou par crainte d'être enterrées vivantes. Ne me parle pas d'une vertu qu'il faut contrôler sans cesse; elle ne vaut pas la peine qu'elle donne !

FLAVIA

Pardonne-moi, Livia ; je voulais voir ce que tu pensais sur ce point. Oui, la vertu de Cécilia est une vertu solide parce qu'elle a pour mobile l'amour de Dieu et le désir de la perfection chrétienne.

LIVIA

Ce n'est pas tout ; fidèle au précepte de l'Apôtre

qui ordonne aux Chrétiens d'user de ce monde comme n'en usant pas, Cécilia, quoique patricienne, reste supérieure aux vanités de la parure, tout en se soumettant aux convenances de son rang et à la volonté de sa famille.

FLAVIA

C'est pour ce motif que notre amie n'aime pas les coquettes. Il y en a véritablement qui empruntent à la mode des agréments qui seraient des défauts si la nature les leur avait donnés.

LIVIA

La femme qui veut trop plaire a toujours l'air de chercher un maître.

FLAVIA

Dis plutôt un esclave.

LIVIA

Très souvent. Pour Cécilia, la plus sûre des coquetteries, c'est l'innocence. Femme qui trop se pare gâte la figure de Dieu.

FLAVIA

C'est là ce qui rend si aimable la vertu de Cécilia.

LIVIA

D'autant plus aimable qu'elle oublie qu'elle l'est beaucoup. Aussi rien d'étonnant de ce que sa parole éloquente et vive, jointe à son extérieur bienveillant et modeste, pénètre comme un glaive dans les cœurs et fasse de si nombreuses conversions. (*A ce moment la petite Nigra se précipite en courant.*)

SCÈNE VII

LES PRÉCÉDENTES, NIGRA

NIGRA

(*Feignant d'être essoufflée, s'arrête à chaque syllabe.*) Je... vous... deman... de... pardon... de vous... avoir fait... attendre... si longtemps. (*Elle respire longuement.*) Je n'ai pas... voulu revenir vous trouver... avant d'avoir des nouvelles... de bonne maîtresse !

FLAVIA

Où était-elle donc?

NIGRA

Je ne sais pas (*elle respire encore fortement*); je viens de l'apercevoir là-bas, sur la voie Appienne. Elle vient de ce côté. Je cours de nouveau pour lui dire que vous êtes là. (*Elle sort.*)

LIVIA

Dépêche-toi, Nigra. Décidément nous te faisons bien du mal, chère petite!

FLAVIA

Tu la gâtes, Livia. Moi, je crois bien que cette espiègle vient de nous jouer un tour! Enfin nous le saurons bientôt!

LIVIA

(*Se levant et suivant du regard la petite Nigra.*) Non; cette enfant ne nous a point trompées. Je l'aperçois, avec Cécilia qui la conduit par la main, et toutes deux se dirigent en toute hâte vers nous. (*Cécilia entre avec Nigra.*)

SCÈNE VIII

CÉCILIA, NIGRA, LES PRÉCÉDENTES

CÉCILIA

(*Se jetant au cou de ses deux amies qui sont allées au-devant d'elle.*) Soyez les bienvenues, chères amies! Quelle agréable et douce rencontre! Que vous avez été bien inspirées de venir me surprendre! (*Elle leur montre des sièges, pendant que Nigra en présente un à sa maîtresse; celle-ci dit quelques mots à l'oreille de l'enfant qui sort de l'appartement.*)

LIVIA

Tout le plaisir de cette visite est assurément pour nous!

FLAVIA

Il y a plusieurs jours que nous désirions te voir!

CÉCILIA

Et moi de vous parler de mes espérances et de mon bonheur.

LIVIA

Alors, bonne Cécilia, ce qu'on dit de ton mariage avec Valérien est donc bien réel?

FLAVIA

Dans ce cas, il faut avouer, chère amie, que tu sais garder admirablement un secret!

CÉCILIA

Ah! que me parlez-vous d'hymen terrestre si brillant qu'il puisse être! Je sais qu'on s'agite beaucoup dans ma famille pour me faire accepter un époux mortel; mais les aspirations de mon âme vont plus haut; je voudrais imiter les magnifiques exemples de Pétronilla, de Pudentienne et de Praxède.

LIVIA

Commes ces vierges romaines si dévouées au Christ, tu voudrais donc répondre aux avances de Celui qui nous a tant aimés sur la Croix ?

CÉCILIA

Oui, Livia; je veux bientôt faire le vœu solennel de ne jamais appartenir à un homme.

FLAVIA

C'est peut-être pour fixer avec le Pontife Urbain la date de cérémonie d'une prise de voile que tu fais si fréquemment, depuis quelques semaines, le pèlerinage des Catacombes?

LIVIA

Tu en sors peut-être à l'instant ?

CÉCILIA

Justement. Je viens de prendre les dernières dispositions pour la solennité de ma consécration, dont je vous fais part en ce moment.

FLAVIA

Tes parents, du moins ceux qui sont chrétiens, ont-ils déjà connaissance de ta résolution ?

CÉCILIA

Pas encore. Tu devines aisément les motifs que j'ai eus de couvrir du mystère le mobile de ma conduite. Mais, après l'accomplissement de l'acte suprême, je dirai tout, bien que je m'attende à voir disputer au Christ le trésor que je vais lui confier.

LIVIA

Sera-ce bientôt ?

CÉCILIA

A l'Epiphanie prochaine ou l'un des dimanches qui suivront.

FLAVIA

Nous touchons alors à ce bienheureux jour.

CÉCILIA

Aussi je m'occupe avec activité de la composition et de la répétition des chants qu'un chœur de jeunes filles doit exécuter en cette circonstance. (*Cécile se lève et va prendre sur le pupitre ou dans un casier quelques morceaux choisis.*)

Tenez, voici le résultat de mes plus récentes inspirations. (*Livia et Flavia examinent attentivement les cantiques et les hymnes en solfiant légèrement du bout des lèvres les principaux passages.*)

FLAVIA

Ah ! Cécilia, comme ces strophes sont mélodieuses et bien rythmées !

LIVIA

Quelle différence entre cette musique d'une suavité céleste et les bruyantes harmonies de la musique païenne !

CÉCILIA

(*Apercevant Nigra qui entre en ce moment avec un petit guéridon à thé, trois coupes et des rafraîchissements.*) Avance jusqu'ici, Nigra; place ton guéridon près de ces nobles dames et sers nous, sans faire de maladresses comme cela t'arrive encore quelquefois. (*Nigra fait un mélange d'eau et de sirop quelconque, puis se retire. Alors Cécilia, s'adressant à Flavia et à Livia :*) Acceptez, chères amies, acceptez sans façon ce léger rafraîchissement; car la température est encore haute à cette heure. Tout en le dégustant nous pourrons continuer notre petite causerie sur l'art sacré de la musique.

LIVIA

Bien certainement nous ne pouvons que profiter de tes conseils en pareille matière.

FLAVIA

Il est reconnu de tous que tu excelles sur ce point comme, au reste, sur beaucoup d'autres choses.

CÉCILIA

(*S'inclinant.*) C'est trop flatteur, ce que tu dis là.

FLAVIA

Non; je ne suis que l'écho du public. Tu as véritablement transformé l'art musical. Avant toi, ce n'était qu'un divertissement frivole; en perdant sa simplicité primitive il s'était énervé; aujourd'hui la mélodie du temple mâle et sévère a remplacé les symphonies du théâtre étourdissantes et efféminées. Je ne doute pas qu'un jour tu deviennes la reine de l'harmonie.

LIVIA

Et moi je dis que Cécilia, dans le Paradis, sera

plus tard invoquée comme patronne, aux divers lieux de la terre où la foi pourra chanter, où la musique saura prier.

CÉCILIA

De mieux en mieux!! Compliments sur compliments! Je suis vraiment confuse!

FLAVIA

Ils sont sincères, crois-le bien.

CÉCILIA

Pour te prononcer sur mon mérite avec tant d'assurance, tu devrais attendre au moins la réussite de ma nouvelle méthode. Après l'exécution d'un morceau, si le chant te remue et te pénètre; si les voix des chanteuses, ruisselant à travers tes oreilles, versent l'amour divin dans ton cœur; si l'émotion pieuse y bouillonne; si les larmes débordent enfin, je te permettrai de me donner des louanges.

FLAVIA

Je suis assurée d'avance qu'elles t'adviendront de toutes parts et seront méritées.

LIVIA

Chère Cécilia, nous nous réjouissons bien

d'entendre le chœur formé par tes soins, de l'entendre surtout dans un jour de fête si touchant pour tes amies et si consolant pour ta foi ! (*Nigra se présente sur la scène, en conduisant par la main une pauvre mendiante.*)

SCÈNE IX

LES PRÉCÉDENTES, NIGRA, LA MENDIANTE

NIGRA

Excusez-moi, bonne maîtresse, si je trouble votre entretien, et si j'introduis ici, sans votre ordre, cette pauvre femme en haillons. Je voulais tout à l'heure la chasser du palais ; mais, quand elle m'a dit que vous la connaissiez beaucoup, que que vous lui donniez souvent des marques d'affection, je me suis montrée moins sévère sur la consigne, et je l'ai conduite ici !

CÉCILIA

Tu as sagement agi, Nigra, en te montrant bienveillante pour cette pauvresse. Comme nous, ma fille, c'est une enfant du bon Dieu. Il n'y a pas un paradis pour les riches et un paradis pour les indigents. Souviens-toi bien, Nigra, que parfois l'âme d'un souverain descend aux enfers, quand il a fait le mal, tandis que celle du dernier de ses sujets, qui a été vertueux, s'envole rayonnante vers le ciel. Pour pénitence de ton premier mouvement contre la charité, tu vas de suite préparer dans mon verre un breuvage pour la pauvre Aglaé. (*S'adressant à celle-ci :*) Comme te voilà couverte de poussière ! D'où viens-tu donc ainsi ? Est-ce que des dangers nouveaux menacent nos chers Chrétiens ? Vite, vite, rassure-moi !

AGLAÉ

(*Après avoir bu une gorgée de sirop offert par Nigra, et tenant toujours son verre en main.*) J'arrive des Catacombes, après avoir longé toute la voie Appienne. J'ai trouvé sur tout le parcours les pauvres que vous y nourrissez, afin de prévenir les fidèles en cas d'alerte. Aucune tentative de la part des païens n'a été signalée ces jours-ci. Mais le Pontife Urbain est assailli de funestes pressentiments. Il craint que la persécution ne recommence, après le départ de l'Empereur, et c'est pour ce motif qu'il voudrait devancer la cérémonie d'imposition du voile aux vierges chrétiennes.

CÉCILIA

(*S'adressant à ses amies.*) Quelle prudence de la part du saint vieillard ! En resserrant au plus tôt les liens d'amour qui nous unissent déjà à Notre-Seigneur, il veut fortifier en nous la grâce divine et nous rendre ainsi plus vaillantes à l'heure des dangers.

LIVIA

Il se souvient de la parole de saint Paul : « *La vierge est sainte dans le corps et dans l'esprit. En elle il n'y a point de partage.* »

CÉCILIA

(*A Aglaé.*) Alors, tu viens pour m'indiquer le jour où je dois me consacrer à Dieu devant l'assemblée des fidèles ?

AGLAÉ

Oui, noble dame; et, en sortant d'ici, je dois pareillement aviser vos compagnes. Tenez vous prête pour demain !

CÉCILIA

(*Levant les yeux au ciel.*) Quel bonheur ! ô mon Dieu !

AGLAÉ

(*Elle achève de vider son verre, et le déposant sur le guéridon :*) Que ce breuvage m'a donc fait de bien ! C'est comme un velours sur mon estomac ! Merci mille fois, noble dame, de cette délicate attention !

CÉCILIA

Aglaé, c'est moi qui te remercie du message dont tu as bien voulu te charger. (*Elle lui glisse dans la main une aumône que la pauvresse regarde vite, avec un mouvement de joie.*) Va maintenant dire aux gardiens de la voie Appienne et des galeries souterraines d'être à leur poste pendant l'office sacré ! (*Aglaé s'en va.*) Pour moi, je vais me préparer par la prière au grand acte que je vais bientôt accomplir. (*S'adressant à ses amies :*) En attendant ce bienheureux instant, n'oubliez pas devant Dieu votre fidèle amie, qui sera demain et pour toujours l'épouse de Jésus-Christ.

(*Le rideau tombe.*)

ACTE DEUXIÈME

L'Épouse de Jésus-Christ

La scène représente encore la chambre de Cécilia, comme au premier acte.

SCÈNE PREMIÈRE

CÉCILIA, *seule.*

(*Elle est occupée à méditer ou à écrire près de son petit bureau ; de temps en temps elle s'arrête et dit en se parlant à elle-même :*) Que de douces émotions la solennité de la prise du voile a laissées dans mon cœur !... Me voilà donc la fiancée du Christ !... Le Dieu du ciel repose en moi par la sainte communion !... J'espère désormais que le nom de Jésus sera mon bouclier, sa croix mon étendard, son royaume ma récompense !...

SCÈNE II

CÉCILIA, GORDIANA

GORDIANA

(*S'avançant doucement sur la porte de l'appartement.*) Serait-il indiscret, noble Cécilia, de te demander encore aujourd'hui quelques minutes d'entretien ?

CÉCILIA

Il n'est pas besoin, Gordiana, de prendre tant de précautions pour cela, quand tu sais que j'éprouve toujours un plaisir extrême à causer avec toi !

GORDIANA

En arrivant ici, je te voyais tellement attentive au travail ou à la prière que je craignais de te déranger.

CÉCILIA

Tu ne me déranges nullement, chère amie, d'autant plus que la Muse ne m'a pas été trop rebelle ce matin, et je finissais une pièce de poésie quand Nigra tout à l'heure m'annonçait ton arrivée.

GORDIANA

Ah ! tu écrivais des vers ?

CÉCILIA

(*Avec modestie.*) Je m'amuse quelquefois à faire des bouts rimés insignifiants !

GORDIANA

Tu n'as point, ce me semble, à rougir de ce nouveau talent ! La musique et la poésie sont sœurs. (*Elle s'approche et jette un coup d'œil sur le bureau, par-dessus l'épaule de son amie.*)

CÉCILIA

(*Prenant le papier le tend à Gordiana.*) Sois indulgente, je t'en prie, pour mes premiers essais. J'ai voulu, dans ce morceau, faire la description des Catacombes ; dis-moi franchement ce que tu penses de ma littérature ?

GORDIANA

(*Recevant la pièce de poésie s'assied aux côtés de Cécilia.*) Les Catacombes !... Oh ! il y a si longtemps que j'entends vaguement parler de ces sombres retraites des Chrétiens, que c'est une bonne fortune, pour une profane comme moi, d'apprendre à les mieux connaître par l'intermédiaire d'une amie qui les fréquente assidûment. (*Elle lit à haute voix.*)

Hier, j'ai visité les saintes Catacombes
Des temps anciens;
J'ai touché de mon front les immortelles tombes
Des vieux Chrétiens;
Et ni l'astre du jour, ni les célestes sphères,
Lettres de feu,
Ne m'avaient mieux fait lire en profonds caractères
Le nom de Dieu.

Un roc sert de portique à la funèbre voûte;
Sur ce fronton,
Un artiste martyr, dont les anges, sans doute,
Savent le nom,
Peignit les traits du Christ, sa chevelure blonde,
Et ses grands yeux
D'où s'échappe un regard d'une douceur profonde
Comme les cieux.

C'est là que chacun d'eux, près de sa fosse prête,
Spectre vivant,
S'exerçait à la lutte, ou reposait sa tête
En attendant;
Pour se faire d'avance, au jour des grands supplices,
Un cœur plus fort,
Ils essayaient leur tombe et voulaient par prémices
Goûter la mort.

La vierge destinée aux fleurs que l'hymen donne,
Ces fleurs d'un jour,
Au tombeau d'une sœur méditait la couronne
D'un autre amour;
Près d'un enfant sans pain, une mère intrépide
Rêvait d'Abel,
Et ses pleurs, qui semblaient joncher le sol humide,
Montaient au ciel.

Et quand l'enfant disait : Le soleil, ô ma mère,
Astre si beau,
Reviendra-t-il bientôt chauffer de sa lumière
Mon froid berceau?
La mère répondait qu'une aurore inconnue
Bientôt luirait,
Et qu'un ange du ciel sur son aile étendue
Le bercerait.

Lieux sacrés, où l'amour pour les seuls biens de l'âme
Sut tant souffrir,
En vous interrogeant, j'ai senti que sa flamme
Ne peut périr,
Qu'à chaque être d'un jour, qui mourut pour défendre
La Vérité,
L'Etre éternel et vrai, pour prix du temps, doit rendre
L'Eternité.

J'ai sondé du regard leur poussière bénie,
Et j'ai compris
Que leur âme a laissé comme un souffle de vie
Dans ces débris ;
Que dans ce sable humain, qui dans nos mains mortelles
Pèse si peu,
Germent, pour le grand jour, les formes éternelles
De presque un Dieu.

C'est là qu'à chaque pas on croit voir apparaître
Un trône d'or,
Et qu'en foulant du pied des tombeaux, je crus être
Sur le Thabor!
Descendez, descendez au fond des Catacombes,
Aux plus bas lieux ;
Descendez, le cœur monte, et du haut de ces tombes
On voit les cieux !

GORDIANA

(*Achevant la lecture.*) Comment donc! Cécilia, tu es vraiment trop modeste ! Mais ces vers sont charmants ! Se pourrait-il du reste qu'une musicienne consommée ne fût pas mélodieuse en ses poésies ?

CÉCILIA

(*S'inclinant.*) Toujours aimable, Gordiana.

GORDIANA

Je voudrais l'être autant que toi. Avec la candeur de ton âme, la gaieté de ton caractère, la simplicité de toute la personne et la grâce qui l'accompagne, je ne m'étonne plus que tu sois tant recherchée par l'élite de la jeunesse romaine !

CÉCILIA

(*Avec anxiété.*) Que parles-tu de mariage ? Gordiana. Naguère encore notre amie commune Flavia me tenait déjà ce langage. Je suis trop jeune pour songer à fonder un foyer. Une fille désireuse de se marier tôt ressemble aux poissons qui se jouent devant le filet du pêcheur. Tous se pressent pour y entrer, tandis que les malheureux qu'il retient font souvent de vains efforts pour en sortir !

GORDIANA

Si tu ne songes point au mariage, ma chère Cécilia, d'autres s'en préoccupent pour toi. Peux-tu donc ignorer que tes parents, fiers d'une fille telle que toi, rêvent de contracter une alliance choisie dont ta main sera l'heureux gage ?

CÉCILIA

Jusqu'à présent, ma famille, encore païenne, hélas ! ne m'a pas trop contrariée dans mes habitudes chrétiennes. Crois-tu, Gordiana, que sur la question du mariage mon père et ma mère useront du pouvoir que la loi romaine donne aux parents sur leurs enfants ?

GORDIANA

Je ne puis répondre sur ce point. Ce que je sais et dont je te préviens, c'est que ta mère, depuis quelque temps surtout, sourit à l'idée d'unir sa fille au jeune Valérien.

CÉCILIA

Mon Dieu ! Que dis-tu là ? Valérien est encore païen.

GORDIANA

C'est vrai ; mais sa famille est une des anciennes gloires de Rome ; et, plus d'une fois, ses membres se sont unis aux Mételli !

CÉCILIA

Que me font à moi la gloire et les biens de ce

monde ? Je ne rêve qu'après la gloire et les biens de l'éternité !

GORDIANA

Je dois ajouter que les qualités d'âme de ton fiancé, comme les charmes de son extérieur, semblent le rendre digne plus qu'un autre de sceller une telle alliance.

CÉCILIA

La chose n'est plus possible, Gordiana. Tu sais déjà que je ne crois pas aux dieux de Rome ; mais ce que tu ne connais pas encore (et je te donne une grande marque d'amour en te livrant le secret de mon cœur), depuis hier je suis irrévocablement enrôlée parmi les vierges du Dieu des Chrétiens.

GORDIANA

Quoi ! Cécilia ; tu as renoncé pour toujours aux joies légitimes d'une affection terrestre ?

CÉCILIA

Oui, pour toujours !

GORDIANA

Oh ! Cécilia, tu conviendras avec moi qu'il faut avoir le cœur bien dur ou un courage surhumain pour se séparer complètement de sa famille, de ses amis et du bonheur qu'ils donnent.

CÉCILIA

Il n'est pas donné à tout le monde de renoncer à ce que tu viens d'énumérer. Mais ce que Dieu demande à chacune de ses créatures, c'est de rapporter à lui, et à lui seul, toutes leurs joies et toutes leurs affections. Pour moi, désormais Dieu sera mon but ; c'est après lui seul que j'aspire ; Dieu sera ma fin et je m'en réjouis !

GORDIANA

Ne te fais-tu pas illusion ? Cécilia. Quand on a choisi si volontairement, comme toi, l'état de virginité, on est presque toujours trop fier pour avouer ensuite qu'on n'y trouve pas le bonheur qu'on s'y était promis ! Aussi te prierai-je de me dire pourquoi et par quoi tu es heureuse ?

CÉCILIA

Je suis heureuse parce que je puis offrir en sacrifice à mon Dieu tous les battements de mon cœur, tous les instants de ma vie !

GORDIANA

Souffres-tu quelquefois ? Cécilia.

CÉCILIA

Quiconque a fait trois vœux est attaché à la Croix, comme Jésus par les trois clous qui lui percèrent les pieds et les mains ; car la pratique constante de la pauvreté, de la pénitence et du renoncement crucifient en quelque sorte la nature humaine. Cela fait souffrir, assurément ; mais après, que de joies et de consolations ! Les épines de la douleur sont nos perles nuptiales !

GORDIANA

C'est égal ; je trouve que les vœux de ton Evangile sont d'affreuses servitudes !

CÉCILIA

Pour toi, c'est possible, parce que tu n'es pas encore initiée totalement aux sublimes vérités de notre foi. Mais, un jour viendra où la lumière d'en haut éclairant ton intelligence, la grâce divine fortifiant ta volonté, tu diras aussi : « *Je veux être à Jésus-Christ !* »

GORDIANA

Je n'oserais aspirer à un tel honneur ; je succomberais à cette tâche si lourde.

CÉCILIA

Elle le serait, si pour l'accomplir tu ne comptais que sur les secours humains ; mais si tu deviens chrétienne, le bon Dieu saura bien alléger ton fardeau, comme il m'aide à supporter le mien.

GORDIANA

J'ai entendu souvent parler de la prière ; est-ce qu'elle peut m'aider à devenir meilleure ?

CÉCILIA

Assurément ; car la prière est un levier puissant qui nous détache de la terre pour nous attacher à Dieu. (*On entend un bruit de pas se dirigeant vers l'appartement. — Cécile porte la main sur son cœur et semble inquiète.*) Mon Dieu ! c'est probablement ma mère qui vient encore faire une tentative suprême à propos du mariage !

GORDIANA

En ce cas, je te quitte, pour ne point gêner cet entretien. Adieu, chère Cécilia ; bon courage et surtout prie pour moi ! (*Elles s'embrassent avec tendresse. Gordiana sort d'un côté, Métella paraît de l'autre ; Cécilia la salue avec respect.*)

SCÈNE III

CÉCILIA, MÉTELLA

MÉTELLA

(*Se dirigeant du côté de sa fille.*) Eh bien! Cécilia, te voilà donc ressuscitée d'entre les morts? Je ne sais véritablement pas quel plaisir peuvent te procurer de si fréquentes visites aux cimetières des Chrétiens!!... Enfin, puisque je te rencontre à cette heure, je suis heureuse de pouvoir, pendantquelques instants, causer du présent et surtout de l'avenir. (*Toutes deux prennent place sur des fauteuils.*)

CÉCILIA

(*Contemplant sa mère dont la physionomie reste sévère.*) Vous semblez émue, bonne mère! Eprouvez-vous de la peine ou de la joie?

MÉTELLA

Je ne sais, Cécilia; tout dépendra de la réponse que tu vas me faire aujourd'hui. Tiens-tu donc toujours à ta sempiternelle devise : « *Dieu seul me suffit!* » ou bien vas-tu consentir à devenir l'épouse du noble Valérien?

CÉCILIA

(*Toute tremblante.*) Oh ! ma mère, pourquoi donc prendre tant de soins à me chercher un parti dans le monde, alors que déjà je suis pourvue ?

MÉTELLA

(*Avec étonnement.*) Quel est cet heureux privilégié ? Tu n'en as point encore parlé ?

CÉCILIA

Donnez-moi un époux qui soit aussi riche, aussi grand que le mien ; alors je verrai quelle réponse à vous faire. Mais vous ne me présentez rien de semblable. Celui dont vous dites le nom n'est qu'un homme ; Celui dont j'ai fait choix, c'est le Christ immortel ! Vouloir me l'enlever ou m'enlever à lui, ce n'est pas établir ma fortune : c'est détruire mon bonheur !

MÉTELLA

(*Avec animation.*) Imprudente enfant, qu'as-tu fait ? Tu as donc oublié le culte des aïeux et la loi des Césars pour t'enrôler parmi les vierges chrétiennes ? Ah ! si ton père et moi nous avions prévu ce résultat, jamais nous ne t'aurions permis de fréquenter les sectateurs de la foi nouvelle !

CÉCILIA

Mère, je ne vous ai rien dit de mes engagements dans la crainte que vous ne mettiez obstacle à ma vocation. Aujourd'hui, je ne puis partager mon cœur en deux affections; car ma parole est donnée. Je ne veux pas avoir commencé par un Dieu pour finir déplorablement par un homme.

MÉTELLA

Mais quand cet homme possède, comme Valérien, la fortune et les plus nobles titres avec les qualités exquises du cœur?

CÉCILIA

Qu'importe! Je ne veux pas d'un païen qui m'empêcherait de visiter librement la demeure des pauvres, d'aller prendre part au festin du Seigneur ou baiser, dans les cachots, la chaîne des martyrs.

MÉTELLA

Avec Valérien, tu n'auras pas à redouter chose pareille. Si les hommes font les lois, ce sont les femmes qui font les mœurs. Une femme habile commande, alors même qu'elle obéit.

CÉCILIA

Hélas! on ne sait cela qu'à l'épreuve; et quand

l'épreuve est faite il n'y a plus à y revenir : la chaîne est rivée et l'esclave doit traîner son boulet.

MÉTELLA

Voyons, Cécilia, il peut y avoir de bons mariages !

CÉCILIA

Il n'y en a pas de délicieux !

MÉTELLA

(*Se levant et prenant les deux mains de sa fille.*) Mon enfant, je t'en prie, ne désole pas ta mère ! Dis-moi bien vite que tu consens à épouser le jeune patricien.

CÉCILIA

(*Levant les yeux au ciel, pousse un gros soupir.*) Oh ! ma mère, à quelles angoisses terribles vous me soumettez !

MÉTELLA

(*Se jetant au cou de sa fille.*) Cécilia !!... Cécilia, ma chère enfant, décide-toi. Epouse Valérien ; une voix intime me dit que tu gagneras son cœur et que bientôt tu le convertiras !

CÉCILIA

Et vous, bonne mère, ne voudriez-vous pas devenir chrétienne ?

MÉTELLA

Peut-être, si je trouve en ma fille obéissance et soumission.

CÉCILIA

Ne croyez pas, ô ma mère, que je veuille vous attrister par un refus persistant. Mais, avant de prendre un parti décisif, ne serait-il point prudent de consulter le représentant du Christ auquel j'ai promis fidélité ? Si son avis, après mûr examen, se trouve conforme au vôtre, je m'engage à vous obéir. Pour moi, le mariage ne sera jamais que la rencontre de deux âmes sous le regard immaculé de Dieu !

MÉTELLA

(*Avec transport.*) Merci, mon enfant, merci pour ton héroïque résolution ! Celui qui l'inspire saura te récompenser mieux que moi ! Au revoir ; je te quitte pour informer Valérien du résultat de ma mission et ranimer son espérance. (*Elle sort.*)

SCÈNE IV

CÉCILIA, NIGRA

CÉCILIA

(*Se laisse tomber dans un fauteuil.*) Ma raison et ma sensibilité se combattent entre elles d'une si terrible façon que ma tête est pleine de bruits et vide d'idées. Mon pauvre cœur, comme autrefois celui de Judith et d'Esther devant Holopherne et Assuérus, se trouve dans une terrible perplexité. Que faire ?... Hélas ! comme je le disais tout à l'heure à Gordiana, l'arme la meilleure est encore la prière ! (*Elle se lève et va à son prie-Dieu. Parlant à haute voix, elle récite ou lit cet acte d'abandon à la volonté divine :*)

PRIÈRE

Seigneur Jésus-Christ, fils du Dieu vivant, qui, les mains étendues sur la croix, avez épuisé, pour nous racheter, le calice de votre Passion, daignez aujourd'hui venir à mon secours. Vous savez seul ce qu'il me faut ! Faites donc, ô mon Dieu, faites tout ce qu'il vous plaira de mon âme pourvu que vous m'empêchiez de vous offenser ! Que votre volonté s'accomplisse en moi selon votre bon plaisir ! Si vous voulez que ce soit dans les travaux, donnez-moi la force de les supporter ; si vous voulez que ce soit par des persécutions, me voici devant vous, mon Père et mon Dieu : je me soumets à tout et je mets ma joie dans cette soumission !

(*Elle se relève toute consolée et aperçoit Nigra*

qui s'était arrêtée sur la porte de l'appartement n'osant pas troubler l'oraison de sa maîtresse.) Qu'y a-t-il donc de nouveau ?

NIGRA

C'est une envoyée du Pontife Urbain qui désire vous parler !

CÉCILIA

Va vite, Nigra, et conduis ce personnage ici ! (*Nigra sort.*)

NIGRA

(*Poussant un soupir.*) Je vais enfin savoir ce que la Providence me réserve ! Mais je l'ai dit : quelle que soit la décision du guide de ma conscience, je m'y soumettrai ! (*Arrive l'envoyée du Pontife.*) Soyez la bienvenue, Stéphana !

SCÈNE V

CÉCILIA, STÉPHANA

STÉPHANA

(*S'incline profondément pour saluer Cécilia.*) Je viens, noble Cécilia, remplir auprès de vous une importante mission ! Vous avez consulté, ce matin, notre pieux Evêque sur une matière tout à fait délicate. Après avoir invoqué les lumières d'en haut, il a formulé sa décision que je suis chargée de vous transmettre.

CÉCILIA

Vous le savez, chère Stéphana, j'étais bien décidée à vivre pour Dieu seul et j'avais résolu d'écarter l'idée de tout lien mortel ; mais, en face des exigences de ma famille, j'ai voulu consulter le Pontife pour connaître mon devoir et les desseins du Ciel. Dites ce que je dois faire ?

STÉPHANA

L'avis du pieux Urbain est celui-ci : Il faut que Cécilia épouse Valérien !

CÉCILIA

Je m'en rapporte à lui. Mais le saint Evêque doit avoir des motifs bien puissants pour ainsi modifier ses résolutions d'autrefois ?

STÉPHANA

Il s'agit de gagner au Christ une âme prédestinée. Valérien ne hait pas notre foi ; il est droit, il est pur, il recherche le bien. Si, comme païen, il a tant de vertus, que sera-ce quand la divine lumière éclairera son esprit, quand l'amour infini embrasera son cœur ?

CÉCILIA

Dieu vous entende ! Stéphana ; et puisse Jésus, bonté suprême, faire de ce rêve une réalité !

STÉPHANA

C'est par vous que le Ciel veut avoir cette âme ; c'est par vous que, chaste et victorieux, Valérien recevra le baptême pour cueillir ensuite avec vous la palme ensanglantée du martyre.

CÉCILIA

Est-ce possible ? Stéphana ! Quoi ! bientôt, si j'épouse Valérien, nous pourrons prier le même Dieu, vivre de la même vie, mourir et monter ensemble à l'éternel séjour !! Quelle espérance ! et déjà quel bonheur !

STÉPHANA

Ayez confiance, Cécilia, dans l'appui du Seigneur. Il se sert bien souvent de ce qui est faible pour confondre le fort. Puisque Valérien vous a donné son cœur, c'est à vous, en retour, de le donner à Dieu.

CÉCILIA

J'obéirai, Stéphana ; je ne puis résister à cet appel suprême. Merci mille fois de votre charitable démarche ! Allez, maintenant, et dites au Pontife Urbain que pour sauver une âme je sacrifierai, s'il le faut, mon bonheur et ma vie ! (*Stéphana sort ; Métella se précipite dans l'appartement.*)

SCÈNE VI

CÉCILIA, MÉTELLA

MÉTELLA

(*Se jetant au cou de sa fille.*) Mon enfant, viens, que je t'embrasse !

CÉCILIA

(*Surprise de cette visite.*) Oh ! ma mère ! Vous avez entendu ?...

MÉTELLA

Je sais tout. Ayant appris que l'envoyée du pieux Urbain venait d'arriver chez toi, je suis vite accourue, et, cachée derrière le rideau de l'atrium, j'ai tout écouté ! Mon enfant, je ne sais véritablement ce qu'il faut le plus admirer de ton courage ou de ta foi. Nous n'attendions pas moins de la générosité de ton noble cœur. Mes vœux et ceux de Valérien seront donc exaucés !

CÉCILIA

Malgré mes résistances, le jeune patricien n'avait donc pas perdu tout espoir ?

MÉTELLA

Au contraire ; cet espoir était tel que, plein de confiance dans la décision souveraine du Pontife, il a fixé pour ce soir la cérémonie des fiançailles. Tout à l'heure un cortège de jeunes amies doit se présenter ici pour te remettre les présents de la noce et t'escorter au palais des Valérii. (*On entend un bruit d'instruments de musique et des chants.*)

CÉCILIA

(*Courant avec précipitation pour voir ce qui se passe dehors et revenant vivement se presser contre sa mère.*) O mère ! Déjà le cortège !!! Je sens le trouble envahir mon âme !!! Bonne mère, ne me quittez pas ! (*Le cortège entre sur la scène ; il se compose de Livia, Flavia, Gordiana et beaucoup d'autres.*)

SCÈNE VII

LES PRÉCÉDENTES, LIVIA, FLAVIA

LIVIA

(*Portant la corbeille de noces.*) Daignez, noble

Cécilia, accepter, de la part de votre fiancé, les vêtements de votre mariage. C'est une tunique de laine blanche avec une ceinture de même étoffe et de même couleur. Il y a, de plus, un voile couleur de flamme.

CÉCILIA

(*Regardant la corbeille.*) Ce costume modeste me plaît. Son tissu ne blesse en rien la simplicité des mœurs chrétiennes. Sa nuance figure la candeur de l'âme. Quant à ce voile, il sera le touchant symbole de mon sacrifice. (*Flavia s'avance ensuite avec une cassette.*)

FLAVIA

Prenez ce coffret, Cécilia ; ouvrez-le, vous y trouverez un petit pain, de l'eau, une bague et une clef.

CÉCILIA

(*Après avoir regardé ces objets, s'adresse à sa mère avec inquiétude en remettant le coffret à Flavia.*) Que signifient ces présents ?

MÉTELLA

(*Mettant sa main sur l'avant-bras de sa fille comme pour la rassurer.*) Ne te trouble point, Cécilia. Par respect pour ta qualité de chrétienne,

Valérien veut t'épargner les rites superstitieux dont les Romains ont coutume d'accompagner l'entrée de l'épouse sous le toit conjugal. C'est pour cela, qu'ici même et en son nom, nous allons rompre ensemble le gâteau symbole de son alliance avec toi. (*Métella prend le gâteau dans le coffret et le présente à Cécilia. Prenant ensuite la clef et la bouteille d'eau :*) Cette eau, ma fille, est le signe de la pureté dont une épouse doit être ornée ; quant à cette clef, elle est le symbole de l'administration intérieure qui désormais te sera confiée. (*Métella présente enfin l'anneau nuptial. Cécile le baise avec amour avant de le mettre à son doigt.*)

CÉCILIA

(*Les mains croisées sur la poitrine et regardant le ciel.*) Seigneur, je suis à vous ; protégez votre épouse. Que bientôt l'âme de Valérien soit unie à la mienne dans la foi et la chasteté, en attendant qu'elle le soit dans le martyre ! (*Le rideau tombe au moment où le cortège se remet en marche. Cécile chante le verset :* FIAT COR MEUM IMMACULATUM UT NON CONFUNDAR.)

ACTE TROISIÈME

La Martyre.

La scène représente, comme aux deux premiers actes, la chambre de Cécilia, mais avec quelques petits changements, attendu que cet appartement se trouve maintenant au palais de Valérien, situé dans le Transtévère. A la levée du rideau, Cécilia et Gordiana, assises dans des fauteuils, causent ensemble.

SCÈNE PREMIÈRE

CÉCILIA, GORDIANA

GORDIANA

Après les fêtes bruyantes d'une noce, qu'il est doux, chère Cécilia, de se reposer un peu dans la solitude !

CÉCILIA

Surtout de confier à une amie fidèle la joie qui déborde de mon cœur !

GORDIANA

Valérien, comme vous l'attendiez de la bonté du Ciel, serait-il donc chrétien ?

CÉCILIA

Oui, chère amie; depuis hier, il est disciple de Jésus-Christ par un miracle de la grâce divine.

GORDIANA

Qu'est-ce donc que cette force nouvelle ?

CÉCILIA

C'est un levier qui a son point d'appui dans le cœur de notre divin Sauveur et qui soulève les faibles cœurs des hommes pour les attirer à lui.

GORDIANA

Je ne comprends pas encore.

CÉCILIA

Tu comprendras bien vite quand la lumière du monde surnaturel t'apparaîtra comme à Valérien. Un jour je lui parlais, comme à toi, des beautés de la vertu, des gloires du paradis et de la protection de nos anges gardiens. Tout d'un coup il me dit avec enthousiasme : « Ah ! je voudrais bien voir le tien ! » — Je lui répondis : « Nul ne peut voir les anges qu'il ne soit lavé dans les eaux du baptême! » — Il reprit : « Quel est donc celui qui me purifiera? » — Rends-toi, lui ai-je dit, à trois milles de Rome, sur la voie Appienne. Demande aux pauvres qui veillent le long du chemin, et qui tous me connaissent, la demeure du vieillard Urbain, caché au milieu des tombeaux; c'est lui qui purifie les hommes afin qu'ils puissent voir les anges; et quand tu rentreras tu apercevras le mien devenu ton ami.

GORDIANA

Et, depuis, qu'a fait Valérien?

CÉCILIA

Plein de confiance en mes paroles, Valérien se rendit dans les Catacombes. Et quand le saint Evêque eut donné au néophyte le symbole de la foi, il le régénéra dans l'eau baptismale et le fit participer aux mystères augustes des Chrétiens.

GORDIANA

Et après?

CÉCILIA

Valérien, couvert encore de la tunique blanche, est arrivé dans cette chambre où j'étais en prières. Près de moi se tenait l'ange du Seigneur, au visage éclatant de mille feux, aux ailes brillantes des plus riches couleurs. L'esprit bienheureux tenait dans ses mains deux couronnes entrelacées de roses et de lis. Il en posa une sur ma tête et l'autre sur celle de Valérien et nous dit avec un accent céleste : Méritez de garder ces couronnes par la pureté de vos cœurs ; c'est du jardin du ciel que je vous les apporte. Saisi de reconnaissance, Valérien se prosterna devant le messager divin et lui demanda la conversion de son frère.

GORDIANA

Quoi ! Tiburce aussi serait chrétien ?

CÉCILIA

Oui, Gordiana; la virginité chrétienne, toujours féconde pour les âmes, a produit ce glorieux résultat. La parole de l'apôtre s'est vérifiée à la lettre : « *La femme fidèle a sanctifié le mari infidèle,* » et celui-ci, par le mérite de sa foi, a obtenu l'âme de son frère.

GORDIANA

Dites aussi, chère Cécilia, que, comme une abeille industrieuse, vous avez su présenter à leur esprit et à leur cœur des arguments si solides qu'ils ont été heureux d'embrasser votre foi. (*Arrivent Livia et Flavia.*)

CÉCILIA

Tiens ! deux amies ! Quelle bonne fortune pour Gordiana et pour moi que votre présence ici ! (*Elle leur offre des sièges.*)

SCÈNE II

LES PRÉCÉDENTES, LIVIA, FLAVIA

FLAVIA

Connaissez-vous la grande nouvelle ?

GORDIANA

Quoi donc ?

CÉCILIA

Un récent triomphe de nos armes, peut-être ?

FLAVIA

Mieux que cela, un secours surnaturel vient de sauver d'un désastre les soldats romains et l'Empereur.

LIVIA

Et ce qui doit nous réjouir davantage, le miracle vient d'être obtenu par l'intervention pieuse des Chrétiens !!...

FLAVIA

Voici les faits. Après le passage du Danube, l'Empereur s'était avancé dans le pays des Quades, quand tout à coup il se vit enveloppé par ces barbares dont le nombre était de beaucoup supérieur à celui de nos troupes. Un soleil ardent faisait ressentir aux soldats une soif dévorante. La lutte était devenue impossible pour les Romains. Marc-Aurèle avait eu recours inutilement aux invocations de ses magiciens. Un désastre était imminent.

CÉCILIA

Cela rappelle la scène des prêtres de Baal avec le prophète Elie, dont il est question dans l'Ancien Testament.

FLAVIA

C'est juste. L'Empereur était désolé de l'impuissance de ses dieux, quand la XIIme légion, appelée depuis *La Fulminante*, tout entière formée de Chrétiens, fléchit le genou et se mit à implorer le secours du vrai Dieu. Tout à coup un nuage se forma dans l'air, versant les flots d'une pluie rafraîchissante sur les Romains et éclatant en grêle et en foudre sur l'armée barbare dont la déroute fut bientôt complète.

CÉCILIA

Le Ciel, en accordant un tel bienfait, veut montrer à la terre la puissance du Dieu véritable. Il y a tant de gens qui la contestent !! Quand ma petite Nigra va connaître ce prodige, elle ne me dira plus comme autrefois, avec une candeur naïve : « Bonne maîtresse, votre Dieu n'a donc point de religion, puisqu'il laisse faire le mal ? » (*Elles rient de cette saillie.*)

LIVIA

L'annonce de cet évènement a produit une grande émotion dans Rome, et l'on dit que l'Empereur ne serait pas éloigné de faire quelque chose en faveur des Chrétiens.

FLAVIA

Quand même l'Eglise n'aurait qu'une demi-liberté, elle saurait bien en profiter pour étendre ses conquêtes !

CÉCILIA

(*Branlant la tête.*) Je n'ai pas grande confiance dans les dispositions de Marc-Aurèle vis-à-vis des Chrétiens. Il se peut qu'au lendemain du service rendu par la Légion fulminante, l'Empereur regarde comme une mesure inopportune d'invoquer la raison d'Etat contre nous ; mais il trouvera toujours le Christianisme trop dangereux pour lever l'arrêt de mort porté par Néron contre ses adhérents.

GORDIANA

Je crois que Cécilia dit vrai. Même en admettant que l'Empereur joue un rôle de modération pour accroître sa popularité, êtes-vous bien sûres que pendant son absence de Rome il ne se trouvera pas en cette ville des fonctionnaires trop zélés toujours aptes, comme des valets, à toutes les viles besognes?

CÉCILIA

C'est précisément ce que je redoute le plus.

GORDIANA

Grâce à mes relations avec les dignitaires de l'Empire, je suis par le fait plus à même de vous dire ce qu'on y projette. Eh bien ! je vous affirme qu'il s'est formé à la Cour un parti très puissant, composé d'une foule de sophistes, littérateurs, jurisconsultes, tous ennemis des Chrétiens et qui ne cessent, par leurs calomnies, d'indisposer tous les jours, contre vous, le jeune prince Commode que son père vient d'associer à l'Empire.

CÉCILIA

Je me doutais de toutes ces machinations. Car Valérien et Tiburce me disaient naguère qu'en allant recueillir les saintes dépouilles d'un soldat du Christ, massacré par la fureur païenne, ils avaient failli subir le même sort.

GORDIANA

Il faut surtout vous défier d'un certain Almachius, le plus acharné de tous, délégué du préfet de Rome aux choses religieuses, et dont la grossièreté n'est pas moins proverbiale que le fanatisme sanguinaire et sournois.

CÉCILIA

Je crois, en vérité, que c'est un magistrat répondant à ce nom qui se livre depuis plusieurs jours à des mesures vexatoires contre mon époux et son frère, afin d'avoir occasion de s'emparer de leur fortune qu'il convoite depuis longtemps. *(Arrive la petite Nigra tenant en main une dépêche.)*

SCÈNE III

LES PRÉCÉDENTES, NIGRA

NIGRA

Bonne maîtresse, voici un message que je suis chargé de vous remettre au plus vite.

CÉCILIA

Et qui donc vient de te le confier ainsi, sans oser venir jusqu'à moi ?

NIGRA

C'est un pauvre affranchi que je crois avoir vu bien des fois dans les rues du Transtévère et à la porte du palais pour demander l'aumône.

CÉCILIA

C'est bien, Nigra ; cours vite prendre soin du messager et dis-lui que tu te chargeras, s'il y a lieu, de porter la réponse. *(Nigra sort, Cécilia regarde l'enveloppe de la missive.)* Mon Dieu !... une lettre de Valérien !... Lui serait-il arrivé malheur ? *(S'adressant à ses amies :)* Veuillez me permettre ! *(Elles font un signe d'assentiment ; Cécilia brise l'enveloppe d'une main tremblante et parcourt la lettre avec une émotion croissante.*

Ses compagnes sont inquiètes et gardent le silence. Au bout d'un instant Cécilia se lève et dit :) Ah ! chères amies, je l'avais bien prévu ! La persécution sévit de nouveau ! Voilà Tiburce et Valérien qui viennent d'être arrêtés! Ils me disent qu'ils doivent comparaître de suite devant le tribunal du préfet ! (*Levant les yeux au ciel :*) « *Seigneur Jésus, puisse mon tour arriver bientôt !* »

LIVIA

Serait-il possible ?

FLAVIA

Quelle lâche perfidie de la part de l'Empereur de violer si promptement les promesses faites aux Chrétiens !!

GORDIANA

(*S'approchant de Cécile comme pour la consoler.*) Dis-moi, Cécilia, ce que je dois faire pour être utile à ceux que tu chéris?

CÉCILIA

(*Prenant la main de Gordiana.*) Merci, chère amie, de ce bon sentiment ! Je ne te demande qu'une chose : c'est d'user de ton influence pour me faire passer des nouvelles des captifs d'aujourd'hui, peut-être martyrs de demain ! (*A Livia et à Flavia.*) Quant à vous, priez pour moi; demandez pour Tiburce et Valérien la persévérance dans la foi. (*A toutes les trois.*) Revenez me voir bientôt. Je regrette de ne pouvoir vous reconduire aujourd'hui; excusez-moi; je veux répondre au plus vite à la lettre des prisonniers. (*Les trois amies s'éloignent et Cécile prend place à son bureau pour écrire. Pendant que sa main trace les lignes de son message, elle laisse épancher à mi-voix les sentiments de son cœur.*) Que de chemin parcouru dans les voies de la grâce, depuis mon entretien mystérieux avec Valérien !!!... Les roses prophétiques de la couronne de mon époux vont donc bientôt s'épanouir au soleil de l'éternité! Je crois que celles qui ont orné mon front n'exhaleront plus longtemps leur parfum sur la terre! (*Nigra rentre avec un air inquiet.*)

NIGRA

Madame! Je dois vous prévenir qu'un cortège se dispose à franchir les portes du palais! Il y a deux licteurs, des soldats armés et quatre esclaves portant une litière fermée !...

CÉCILIA

(*A part.*) Quel peut être ce personnage officiel? (*A Nigra.*) Ne te tourmente point de cette visite, ma Nigra; si c'est à moi qu'on désire parler, Esther, qui se tient près de l'atrium, viendra m'en aviser. Pour toi, chère enfant, écoute bien mes recommandations. (*Elle lui tend la lettre.*) Voici une lettre qu'à tout prix il faut remettre à mon noble époux Valérien. Ce ne sera peut-être pas facile d'arriver jusqu'à la prison; mais je connais tes petites industries et je compte sur la réussite.

NIGRA

Merci, bonne maîtresse, de ce témoignage de confiance; je continuerai à m'en rendre de plus en plus digne. Pour cette nouvelle mission que vous me confiez, j'espère arriver à bonne fin. On ne se défie guère d'une faible enfant. Ce sera donc facile à moi, sous prétexte de curiosité, de me faufiler jusqu'au prétoire. Et puis, j'aurai toujours la ressource, si je ne réussis pas ainsi, de solliciter l'appui de Gordiana ou de Maxima, la fille du greffier. Comme moi, elles ne sont pas encore chrétiennes tout à fait; mais vous avez été si bonne pour elles et pour moi, qu'elles sauront se dévouer aussi pour les vôtres et pour vous.

CÉCILIA

Nigra, j'admire ta sagacité; j'apprécie de plus en plus ton affection. Approche, mon enfant;

je veux te presser sur mon cœur. (*Elle l'embrasse avec tendresse. — Esther se présente à la porte.*)

ESTHER

Noble Cécilia, vous plairait-il de donner audience à une matrone romaine qui désire vous parler ?

CÉCILIA

(*A Esther.*) Dites à la visiteuse que je suis à sa disposition. (*A Nigra.*) Cache cette lettre dans tes vêtements; sois prudente et que le Dieu des Chrétiens te protège ! (*Nigra sort d'un côté; à l'autre extrémité se présente solennellement Almachia.*)

SCÈNE IV

CÉCILIA, ALMACHIA

CÉCILIA

(*Allant à la visiteuse.*) Serait-il indiscret, noble dame, de savoir à qui j'ai l'honneur de parler ?

ALMACHIA

(*Avec emphase.*) Je suis Almachia, l'illustre épouse de l'honorable gouverneur de Rome !

CÉCILIA

Vous venez alors pour une communication officielle de la plus haute importance ?

ALMACHIA

Vous l'avez dit. Vous n'ignorez point, Madame, que les deux Valérii sont arrêtés et payeront probablement par le supplice du glaive leur scandaleuse rébellion aux lois de l'Empire et leurs rudes répliques à l'audience de ce jour.

CÉCILIA

Il vaut mieux obéir à Dieu qu'aux hommes!

ALMACHIA

Il a même été question, pour un instant, de vous jeter en prison comme votre époux et son frère ; mais, par égard pour votre influente famille, et aussi pour être agréable à son épouse bien-aimée, également prête à vous être utile (*elle s'incline avec solennité et Cécilia remercie en s'inclinant de même*), Almachius, cédant à mes sollicitations, veut bien ajourner toute mesure de violence vis-à-vis de vous.

CÉCILIA

Madame, je suis vraiment touchée de cette attention délicate et, à parler franchement, je n'espérais pas tant de bienveillance de votre généreux époux.

ALMACHIA

Au lieu de vous mander au prétoire et de vous provoquer à sacrifier publiquement aux dieux, il m'a chargé de vous proposer d'accomplir, sans bruit et sous mes yeux, quelque pratique si insignifiante qu'elle soit de la religion païenne. C'est avec bonheur que je remplis cette mission.

CÉCILIA

Votre démarche indique de votre part un ardent désir de m'éviter des ennuis. Je vous remercie cordialement une seconde fois. Mais je ne dois pas vous laisser ignorer que je n'ai pas, comme ceux de votre religion mensongère, la moindre attache à cette vie et qu'il serait au contraire glorieux et désirable pour moi de souffrir tous les tourments pour confesser le nom de Jésus-Christ.

ALMACHIA

Vous me surprenez, noble Cécilia ! Quoi ! vous si riche, si belle et si sage, vous iriez à la mort avec un tel empressement ! De grâce, ménagez votre vie, ne serait-ce que pour sauver vos amis chrétiens !

CÉCILIA

L'exemple de ma mort saura mieux les soutenir. Mourir pour le Christ, ce n'est pas sacrifier ma jeunesse, mais la renouveler ; c'est offrir une chose périssable et recevoir en retour la vie éternelle.

ALMACHIA

Vous voulez donc mourir ?

CÉCILIA

Pourquoi craindrais-je la mort ? Plus elle est volontaire, plus elle est méritoire.

ALMACHIA

Prenez garde ; la torture a des surprises et vous pourriez bientôt regretter cette folle présomption.

CÉCILIA

Je sais que les bourreaux ont inventé, dans leur rage, toute espèce de supplices ; mais je n'ai point à redouter l'horreur des tourments. Dieu saura bien me donner une part de sa puissance. J'attends tout de la grâce d'en haut et rien de ma faible nature.

ALMACHIA

Etrange aveuglement! Alors, vous refusez d'honorer nos dieux?

CÉCILIA

Vous appelez dieux ces objets insensibles de bois, de marbre ou d'or? Ils ne sont que néant et ne peuvent rien, même pour se défendre. Celui-là seul qui sauve de la mort, c'est le Dieu des Chrétiens; c'est le mien, et je n'en aurai pas d'autre!

ALMACHIA

(*Se lève brusquement.*) Assez! assez! C'est véritablement trop d'audace! Nous verrons avant peu si, plus heureuse qu'Octavie, femme de Néron, le Christ vous protège mieux que nos dieux contre les ardeurs dévorantes d'une vapeur embrasée.

CÉCILIA

Qu'est-ce à dire? noble dame. Vos flammes sont-elles plus cuisantes que celles de l'enfer?

ALMACHIA

(*Se dirigeant vers la porte.*) Sachez, Cécilia, que pour soustraire le peuple à la contagion de vos doctrines et de votre exemple, vous n'aurez point l'éclat d'une immolation solennelle. Il a été résolu en conseil impérial de vous enfermer dans la salle des bains de votre palais et de vous y laisser mourir, sans air, sous sa voûte ardente. (*Elle sort.*)

CÉCILIA

Merci, Madame, de m'avoir fait connaître cette manière privilégiée de sortir violemment de ce monde. Je l'accepte d'avance pour souffrir avec moins de regrets.

SCÈNE V

CÉCILIA, *seule.*

Il est donc vrai qu'une nouvelle vie s'ouvre pour moi, celle de la souffrance!... Mon corps semble frémir à l'approche du sacrifice; et cependant une indicible joie remplit mon cœur. La souffrance n'est-elle pas la verge de l'amour pour les élus de Dieu? (*Elle se retourne avec vivacité.*) Voici quelqu'un!...

SCÈNE VI

CÉCILIA, NIGRA, UN CORTÈGE D'AMIES

NIGRA

(*Précède le cortège et entrant seule dans l'appartement de Cécile se jette à son cou avec tendresse.*) Bonne maîtresse, embrassez-moi et surtout tout à l'heure ne vous désolez point !

CÉCILIA

Que signifie ce langage ? As-tu des nouvelles de Valérien ?

NIGRA

Gloire à Dieu ! Maintenant je suis chrétienne ! La noble Gordiana, son père le sénateur, Maxime le greffier, Maxima sa fille, et une foule d'autres le sont aussi !

CÉCILIA

Et par quel heureux prodige ? Est-ce que l'exemple de Valérien ?...

NIGRA

Bonne maîtresse, d'autres vous le diront mieux

que moi. Je suis encore trop émue et ne sais si je dois me réjouir ou pleurer !

(*Arrivent Gordiana portant deux fioles de sang, Maxima tient des linges tachés de sang, Flavia et Livia les accompagnent, Esther et Séraphia suivent par derrière.*)

CÉCILIA

(*Les apercevant.*) Mon Dieu ! mon Dieu ! Tout est donc consommé ! Que votre volonté soit faite et non pas la mienne ! (*Elle prend les fioles de sang et les baise avec vénération.*) Ils sont donc martyrs tous deux !!... Cher époux, frère bien-aimé, ô Tiburce, ô Valérien, vous chantez, vous triomphez maintenant pour toujours dans la cité du bonheur !... Amies, devons-nous nous attrister ?... Ah ! chantons plutôt, chantons tous à genoux l'hymne de la reconnaissance. (*Tout le monde se précipite à genoux et Cécile, tenant toujours en main les fioles bénies, entonne le verset suivant en chant grégorien :* BENEDICITE DOMINUM, OMNES ELECTI EJUS, AGITE DIES LÆTITIÆ ET CONFITEMINI ILLI.)

Tout le monde se relève, les fioles et les vêtements sont déposés sur un petit guéridon qui occupe le centre de l'appartement. Cécile prend la parole :

CÉCILIA

Ce n'est pas tout ; il nous reste un pieux devoir à remplir, celui d'enlever ce soir les corps de nos chers martyrs et d'ensevelir ces dépouilles triomphales au cimetière de Pretextat. (*S'adressant à Nigra.*) Nigra, mon enfant, cours vite au parterre pour cueillir des fleurs et tresser des couronnes. (*A Esther et à Séraphia.*) Quant à vous, sortez du palais ; allez prévenir mes chers pauvres et amenez-les tous ici. Il faut que rien ne manque à cette sépulture chrétienne, ni les fleurs, ni les parfums, ni les larmes d'adieu et d'espérance ! (*Les trois affranchies sortent.*)

CÉCILIA

(*Montrant des sièges à ses compagnes et prenant place sur le sien en face des saintes reliques.*) Et maintenant, chères amies, dites-moi bien toutes les circonstances de ce drame sanglant !

GORDIANA

Depuis leur arrestation jusqu'à l'instant de leur supplice, les deux martyrs ont montré la constance la plus héroïque.

MAXIMA

En se rendant au lieu de leur supplice, ils s'entretenaient ensemble avec une joie si tranquille que mon père, greffier d'Almachius, leur dit : « Vous oubliez donc que vous allez à la mort? » Ils lui répondirent : Non, non, Maxime, nous allons à la gloire ! Et comme preuve de la vérité que nous t'annonçons, tu verras tout à l'heure l'heureux séjour où nous allons entrer. Quand ils furent arrivés sur le lieu d'exécution ils se mirent à genoux tous deux à côté l'un de l'autre et tendirent leur cou au bourreau. Puis les deux têtes reçurent en même temps la mort et la couronne immortelle. Au moment même où le glaive frappait les martyrs, mon père vit les anges de Dieu s'envoler du côté du ciel, emportant avec eux l'âme de Valérien et de Tiburce, semblables à de jeunes épouses parées pour une fête nuptiale. En face de cette sublime vision, mon père, touché de la grâce, s'est écrié avec transport : « Je suis chrétien ! »

GORDIANA

Il y avait longtemps, chère Cécilia, que nous étions ébranlées par vos pieux entretiens. Mais la constance des généreux confesseurs nous a fait renoncer, pour jamais, aux idoles païennes et nous soumettre au vrai Dieu.

MAXIMA

Il est facile de croire au Seigneur quand on

croit à ses anges ! Et quel moyen de ne pas croire aux anges en voyant vivre Cécile et mourir Valérien ! (*En ce moment Esther et Séraphia entrent sur la scène avec une foule de pauvres de tous âges et de toutes conditions. Ils se groupent en cercle autour de la table.*)

SCÈNE VII

LES PRÉCÉDENTES, CORTÈGE DE PAUVRES

CÉCILIA

(*S'est levée à leur approche et, d'un ton bienveillant :*) Approchez, mes enfants ! (*Elle leur montre les précieux restes des martyrs.*) Voyez ces chères reliques, ce sang recueilli par des mains pieuses, ces chers souvenirs de mon glorieux époux et de son frère, vos bienfaiteurs massacrés par les tyrans de Rome. Ne vous semble-t-il pas qu'à mon tour je doive bientôt mourir ?

UNE VIEILLE FEMME

Mourir à votre âge ! noble Cécilia. La chose n'est pas possible. Qui donc oserait, dans Rome, toucher à un cheveu de votre tête ?

CÉCILIA

Mes enfants, soyons toujours prêts à la mort. Le diable a ses suppôts, redoutons leurs embûches! Quoi qu'il advienne pour moi, j'ai voulu vous voir avant les funérailles de nos saints martyrs pour vous donner des conseils qui, je le pressens, hélas! seront peut-être les derniers!

UNE PETITE FILLE

Non, non; vous ne mourrez pas! Vous êtes notre mère; si vous partiez, qui donc aurait soin de nous?

CÉCILIA

Vous aurez toujours pour soutien Celui qui donne au lis sa parure et nourrit les petits oiseaux du ciel!

UNE AUTRE MENDIANTE

C'est vrai, noble Cécilia; mais quand les bourreaux vous auront pris la vie, ne s'empareront-ils pas de vos biens et de vos maisons où nous trouvons le vivre et l'asile?

CÉCILIA

Rassurez-vous, mes enfants; j'ai pris mes précautions. J'ai légué tout au Pape, le père des

Chrétiens. De ce palais je veux faire une église et de tous mes trésors le patrimoine des pauvres. Ne sont-ils pas les préférés du Christ? Ah! sans doute, le monde vous méprise; mais gardez toujours l'amour de la sainte pauvreté et de la souffrance volontaire. Ne vous découragez pas... Je le vois seulement à cette heure, c'est tout ce que j'ai souffert qui a fertilisé mon âme, comme la rosée bienfaisante fertilise la terre.

UNE VOIX D'ENFANT

Votre âme!... Elle fleurira au ciel, pour l'éternité!

CÉCILIA

Ah! puisse le Seigneur me reconnaître pour sa fiancée et ne pas me trouver trop indigne de lui! J'ai si souvent mal porté sa croix bénie!!... Mais vous, mes enfants, aimez-le, servez-le fidèlement et, en le priant chaque jour, souvenez-vous quelquefois de votre bienfaitrice quand la mort aura fermé ses yeux..... En attendant, venez aujourd'hui, venez tous avec moi, pour entourer d'honneur la dépouille mortelle des martyrs. (*Cécilia prend les fioles de sang sur la table, une de ses compagnes porte les linges sanglants, et toutes deux, marchant en tête du cortège qui les suit, entonnent une hymne triomphale de l'Eglise:*

SANCTORUM MERITIS INCLYTA GAUDIA. *Esther et Séraphia restent seules sur la scène.)*

SCÈNE VIII

ESTHER, SÉRAPHIA

ESTHER

(*Avec tristesse.*) Un funeste pressentiment envahit mon esprit !

SÉRAPHIA

Quoi donc encore ? Esther, tu es vraiment étrange ; tu vois toujours les choses en noir au lieu de regarder la vie par son côté riant.

ESTHER

C'est possible. Mais, si tu savais comme j'ai peur de ne plus revoir en ce monde notre bonne maîtresse ! (*Elle pleure et s'essuie les yeux.*)

SÉRAPHIA

Et c'est là tout le motif qui te porte à sangloter d'une si curieuse façon ?

ESTHER

La perspective d'un tel deuil n'est-elle point faite pour attendrir ton cœur ?

SÉRAPHIA

(*Avec désinvolture.*) Assurément, je serais désolée qu'il arrivât malheur à la noble Cécilia. Elle est dévouée pour ses subalternes, je dirai même affectueuse. Mais, dans Rome, on peut trouver des âmes généreuses comme la sienne. Pour moi, je m'inquiète assez peu des attentions délicates de ceux que je sers, pourvu qu'ils me paient largement.

ESTHER

(*Avec indignation.*) C'est affreux, Séraphia, ce que tu dis là. Si tu n'as pas d'affection pour tes maîtres, garde-leur au moins la reconnaissance !

SÉRAPHIA

(*Avec dépit.*) Ecoute, Esther, si mon programme ne te plaît point, je m'en consolerai facilement. Désole-toi, pleure à ton aise, si tu aimes cela. Pour moi, je préfère les plaisirs faciles. (*Elle sort.*)

ESTHER

(*Joignant les mains.*) Mon Dieu ! Quelle charité véritablement angélique il a fallu à ma bonne maîtresse pour supporter une créature égoïste et légère comme celle-là !! (*On entend dans le lointain des bruits confus. Esther se rapproche de la coulisse pour regarder.*) Que signifie cette rumeur sourde ? Qui peut produire cette agitation ? Ne croirait-on pas (*elle penche l'oreille comme pour mieux entendre*) que des voix retentissent dans les appartements voisins ?... Cependant je n'ai vu personne entrer sous le portique !... Peut-être a-t-on pénétré par la porte de la salle des bains !... Est-ce qu'on viendrait arrêter ma bonne maîtresse ?... Je tremble à cette pensée !... Oh ! quelle triste chose que la persécution religieuse !... Les honnêtes gens ne sont jamais sûrs du lendemain. (*Arrive Flavia.*)

SCÈNE IX

ESTHER, FLAVIA

FLAVIA

(*Entrant de l'autre côté, appelle Esther qui se retourne avec vivacité.*) Esther !... N'as-tu pas revu la petite Nigra ?

ESTHER

(*Avec inquiétude.*) Est-ce qu'elle ne vous a point suivie hier aux Catacombes, en compagnie de notre bonne maîtresse ?

FLAVIA

Oui, Esther; mais ce que tu ne sais point, c'est qu'au retour du cimetière, Cécilia a été arrêtée par les émissaires d'Almachius !

ESTHER

Ciel ! Quel malheur !... Et Nigra ?

FLAVIA

Elle est restée libre jusqu'alors. C'est pour cela que, désirant savoir de suite comment l'affaire tournerait, j'avais envoyé cette enfant jusqu'au prétoire !

ESTHER

Pauvre Nigra ! Si on allait l'emprisonner aussi !

FLAVIA

Son séjour prolongé est d'un mauvais augure !

ESTHER

Vous m'effrayez de plus en plus !

FLAVIA

Le préfet de Rome est capable de tout ! (*Arrive Nigra.*)

SCÈNE X

LES PRÉCÉDENTES, NIGRA

NIGRA

(*Avec tristesse.*) Oh ! noble Flavia, ne soyez pas trop surprise de mon si long retard ! J'espérais, tout comme vous, rencontrer bonne maîtresse au tribunal du gouverneur. Mais, quand j'y arrivai, j'ai trouvé Maxima qui m'a dit : « Ce matin l'interrogatoire de Cécilia a été pour elle l'occasion de prêcher avec succès la religion de Jésus-Christ. Le préfet, furieux de cette attitude et craignant une émeute dans Rome, a voulu terminer l'affaire en secret. Il a donc fait reconduire Cécilia dans son palais, pour y être asphyxiée par la vapeur de la salle de bains.

ESTHER

(*A part.*) Je m'explique alors les bruits de tout à l'heure. (*Arrive Livia.*)

SCÈNE XI

LES PRÉCÉDENTES, LIVIA

LIVIA

(*Avec enthousiasme.*) Gloire à Dieu ! Victoire ! Cécilia triomphe de ses persécuteurs !

FLAVIA

Explique-toi vite, Livia. Pourquoi ces accents de triomphe ?

LIVIA

Pendant plus de vingt heures, Cécilia, captive dans une étuve, est restée soumise à l'action d'un feu violent. En vain les ministres de la cruauté d'Almachius ont attisé l'incendie : une céleste rosée, semblable à celle qui rafraîchit les trois enfants dans la fournaise de Babylone, a délicieusement tempéré les feux de cet ardent séjour.

NIGRA

Alors, bonne maîtresse vit encore ?

LIVIA

Pendant que son cachot retentit d'accords et de

cantiques, les bourreaux consternés cherchent d'autres supplices. (*Tout à coup on entend des cris déchirants derrière la coulisse.*)

FLAVIA

Ecoutez ! Ecoutez ! (*Flavia, Livia et les autres se penchent vers les coulisses.*)

UNE VOIX ÉPLORÉE

(*Du dehors.*) Almachius ! Almachius ! Je t'en conjure, écoute-moi ! Tu es tout-puissant; tu disposes du pouvoir impérial, aie pitié !...

LIVIA

(*Sur la scène.*) C'est la voix de Métella qui demande grâce pour sa fille !!

MÉTELLA

(*Avec des accents déchirants.*) Grâce ! Grâce ! Regarde, Almachius, je pleure, je me traîne à tes pieds, moi, la fille d'un noble romain ; je t'en supplie, n'immole pas Cécilia !

UNE VOIX D'HOMME

Elle est condamnée, tu le sais bien !

MÉTELLA

Sauve-la, sauve-la. Si tu ne peux, rends-moi

ma fille, je l'emporterai bien loin. On la croira morte ; mais je l'aurai, elle vivra, je la garderai jusqu'à mon dernier jour et je mourrai radieuse si mes yeux se ferment en la voyant... Almachius ! laisse-la vivre !!!...

UNE VOIX D'HOMME

Elle a mérité la mort ; elle va périr ! (*On entend du bruit comme s'il y avait une lutte entre divers personnages.*)

MÉTELLA

Au secours ! au secours ! Assassin ! assassin ! va-t-en ; c'est ma fille, je la veux ; tu n'as pas le droit de me la prendre ; tu n'as pas le droit de tuer une patricienne ! (*Silence suivi de plusieurs coups successifs avec un bruit d'épée.*)

MÉTELLA

(*Avec des cris de douleur.*) Ah ! Ma fille ! ma Cécilia ! Ils viennent de l'égorger !... Les misérables !... Mais elle respire encore !... (*Elle se penche sur sa fille et l'appelle.*) Cécilia !!! Cécilia !!! Mais parle-moi donc ; ouvre tes yeux qui éclairaient ma vie, souris encore à ta vieille mère qui veut devenir chrétienne ! (*Silence derrière la coulisse.*)

FLAVIA

(*A ses compagnes.*) On n'entend plus rien ! Metella a dû s'évanouir sur le corps de sa fille. Que faisons-nous ici ? Ne pourrions-nous donc porter secours à la victime et à sa pauvre mère? (*Elles se disposent à sortir quand Gordiana se présente sur la scène avec une figure attristée.*)

SCÈNE XII

LES PRÉCÉDENTES, GORDIANA

GORDIANA

Où courez-vous ainsi ?

LIVIA

(*Au nom de ses compagnes.*) Nous voulons voir encore Cécilia, avant qu'elle expire.

GORDIANA

Attendez un peu ; car, pour répondre à l'appel de sa fille bien-aimée, le Pontife Urbain vient d'accourir pour lui donner la bénédiction suprême et recevoir ses dernières volontés.

NIGRA

Bonne maîtresse souffre-t-elle beaucoup ?

GORDIANA

A moins d'un miracle, cela doit être. Le bourreau, tremblant, l'a frappée trois fois sur le cou, d'une main mal assurée, et s'est enfui laissant sa besogne inachevée. Les blessures sont affreuses. Néanmoins, Cécilia sourit à tous ceux qui l'approchent, et pendant que de pieuses femmes étanchent son sang avec des linges, la mourante ne cesse de remercier Dieu de l'avoir associée aux douleurs de la Passion. Elle entrevoit les félicités qui l'attendent; elle comprend enfin ce que signifiait la couronne de l'ange en voyant se réunir sur son front les roses du martyre aux lis de la virginité. (*Maxima arrive sur la scène.*)

SCÈNE XIII

LES PRÉCÉDENTES, MAXIMA

MAXIMA

(*Tout en larmes.*) Accourez, chères amies. — Cécilia vient de mourir.

FLAVIA

Déjà ! Oh ! quelle affreuse perte pour les pauvres et pour l'Eglise !

ESTHER ET NIGRA

(*Avec sanglots.*) Quelle douleur, surtout pour nous qui désirions tant la revoir !!...

FLAVIA

L'agonie n'a donc pas été longue ?

MAXIMA

Elle a duré trois jours. Une sueur froide perlait continuellement à la racine de ses cheveux ; des spasmes douloureux soulevaient sa poitrine. Tout d'un coup, elle souffrit davantage ; son corps s'inclina sur le côté droit, ses doigts frêles se crispèrent, ses bras s'affaissèrent l'un sur l'autre, et les ombres, avant-coureurs de la mort, passèrent sur son visage ensanglanté. Cela dura quelques instants, puis les yeux de l'agonisante demeurèrent fixes; sa bouche s'entr'ouvrit avec une expression charmée, comme si, déchirant au moment suprême le voile mystérieux de l'autre vie, elle découvrait des choses merveilleuses, un au-delà plein de lumière et de gloire. C'est après cela qu'elle tourna contre terre sa tête sillonnée par le glaive, et que son âme se détacha doucement du corps, en laissant un rayon lumineux sur son chaste visage. (*Durant ce récit, l'émotion des compagnes de Maxima s'accentue davantage...*

Soupirs et larmes.) Amies, séchez vos pleurs et regardez le ciel où Cécilia triomphe pour toujours !

A ce moment, le fond de la scène s'entr'ouvre et on aperçoit, assise sur un trône, Cécilia vêtue de blanc, avec une couronne sur la tête et la palme dans les mains. Autour d'elle on peut grouper des enfants, aussi en blanc, et tenant des lis à la main. Une grande lumière habilement ménagée éclaire ce groupe.

(*Les actrices demeurent sur la scène, se précipitent à genoux et l'une d'elles fait alors cette invocation finale.*)

INVOCATION

(*On peut la lire au lieu de la réciter.*)

Noble et pure Cécilia, nous nous prosternons à vos pieds pour implorer votre secours et apprendre à marcher sur vos traces. Chrétienne, vous avez coopéré à la multiplication des fidèles par le don que vous fîtes de la foi, dans votre apostolat. Vierge, vous avez travaillé à la purification des mœurs, par le don de votre être dans un engagement virginal. Victime innocente, vous avez relevé le courage, par le don de la vie, dans votre glorieux martyre.

O Cécilia, puissions-nous, comme vous, glorifier Jésus-Christ, dans ces trois ordres de sacrifices et d'influences !

Du haut du ciel, priez pour nous ! protégez-nous ! Vous, jadis si dévouée aux Pontifes romains, compatissez, à cette heure, au glorieux Pape qui souffre dans sa prison du Vatican ! Il est impossible qu'étant citoyenne de Rome votre amour ne se répande pas, en gémissements ineffables, devant le trône de Dieu, pour votre infortunée patrie !

Ayez encore pitié de la France, fille aînée de l'Eglise dont vous êtes une des gloires les plus pures !

Délivrez-la des sophistes qui ne sont pas nés de son sein et qui l'ont, pour un temps, éloignée de Dieu !

Donnez-lui le courage chrétien du caractère, comme elle a le courage des champs de bataille. Faites surtout qu'elle se repente et se réfugie dans le cœur sacré de Jésus, afin que, la grâce surmontant la justice, notre malheureux pays devienne digne de recouvrer bientôt, devant les hommes, la foi, la grandeur et la liberté des meilleurs jours.

Après cette invocation : *Cantate ou Hymne à Sainte-Cécile.*

FIN

Toulouse. — Imp. J. Fournier, 5, rue du Sale.

DU MÊME AUTEUR

JEANNE D'ARC

MODÈLE DES VERTUS CHRÉTIENNES

Ouvrage spécialement béni par le Pape LÉON XIII et approuvé par un grand nombre de Cardinaux, d'Archevêques et d'Évêques.

Voici ce que publiait, dans son numéro du 15 mai 1888, la nouvelle Revue patriotique : *L'Etendard de Jeanne d'Arc* :

« Parmi les derniers ouvrages parus sur Jeanne d'Arc, l'un des plus intéressants est celui de M. l'abbé V. Mourot. L'auteur y démontre toute la grandeur de l'héroïsme chrétien de la vierge de Domremy dans la pratique des vertus théologales et civiques.

C'est la méditation de l'histoire de l'héroïque et pieuse guerrière que M. l'abbé Mourot offre à ses lecteurs. Nous voudrions voir cet ouvrage, intitulé : *Jeanne d'Arc, modèle des vertus chrétiennes*, dans toutes les familles, où chacun des lecteurs trouverait des enseignements patriotiques et religieux. »

Deux beaux volumes in-12, de XXXVII-524 et 546 pages.

(Remises sur la quantité ou par colis postal.)

BROCHÉS, en librairie, 4 fr. ; par la poste **4 fr. 50**
CARTONNÉS, pour bibliothèques paroissiales, *franco* .... **5 fr. »»**
CARTONNÉS, couleur et or, tranche rouge, pour distribution de prix....... **5 fr. 25**

La Terre Sainte et le Pèlerinage de Pénitence

IMPRESSIONS ET SOUVENIRS

2 volumes in-12 avec cartes et plans, **5** francs ; *franco*, **6** francs. (Ouvrage très intéressant.)

JEANNE D'ARC

SAINTETÉ ET PATRIOTISME

Drame en cinq actes, avec chœurs. — Prix, *franco*, **1** franc.

Ouvrage spécialement écrit pour les distributions des prix des maisons d'éducation des deux sexes.

S'adresser à M. l'abbé MOUROT, curé de Saulcy, par Saint-Dié (Vosges).

www.ingramcontent.com/pod-product-compliance
Ingram Content Group UK Ltd.
Pitfield, Milton Keynes, MK11 3LW, UK
UKHW021546260726
13993UKWH00002B/673